JN410067

연리지 사랑

김명희 수필집

교음사

| 작가의 말 |

거대한 산을 눈앞에 마주한 듯한 막막함이 앞섭니다. 찬찬히 돌이켜 생각해 보면 처음으로 돌아가 서 있는 느낌입니다. 어떻게 시작해야 누구든 읽고 싶어지는 책의 서두를 멋지게 완성해 볼까 하는 욕심이 앞서 진짜 하고 싶은 깊은 이야기들은 놓친 것은 아닐까 하는 생각이 들었습니다. 책 속의 이야기들은 바로 내 자신의 이야기, 거울에 비친 지금 내 모습입니다.

마음속에서 쉼 없이 곰실대던 이야기들은 많으나 글의 실마리를 찾지 못해 전전긍긍하던 날들이 생각납니다. 추수 끝난 빈 들판에서 떨어진 이삭을 줍듯 생각의 끄트머리를 붙잡고 가까스로 한 편 한 편 글을 만들었습니다. 그럴 때마다 어수선한 글을 쓰지 않았나 싶은 자괴감에 빠지기도 했습니다.

이 또한 변명 같습니다만 그동안 일인 몇 역을 하면서 정신없이 살았습니다. 좀 더 시간적 여유가 주어진다면 글쓰기에 매진해 더 제대로 된 글을 쓰게 되지 않을까 기대도 해봅니다.

오래전 지면에서 읽은 한 젊은이의 이야기는 늘 제 가슴에 남아 있는 까닭입니다. 그도 나처럼 본디 튀는 걸 좋아하지 않는다고 했습니다. 그래서 자신이 닮고 싶은 사람도 한 번 반짝하고 사라지는 사람이 아니었더랍니다. 적지 않은 세월과 어우러져 자신이 하고자 하는 일에 대해 인내심을 가지고 성실하게 하는 사람에게 존경심이 절로 든다고 했던가요. 그런 사람에겐 실력은 저절로 따라온다고 믿는 젊은이의 말에 고개가 끄덕여졌습니다.

소소한 일상을 빌어 글 한 편을 완성했을 때나 동인지를 발간할 때에도 뿌듯함보다는 부끄러움이 밀려 왔습니다. 더구나 제 이름 석 자를 내건 책 앞에서 떨리는 마음입니다. 하긴 대한민국 최고의 문인 이문열 작가도 중단편집 출간을 앞두고서 "다채로움과 풍성함의 자족감 못지않게 반복과 변주의 치부를 들키는 듯해 민망하다." 고백하셨습니다.

여기저기 문예지에 발표했던 글들을 모아 두 번째 수필집 『연리지 사랑』을 내놓습니다. 유년의 추억과 일상에서 마주치는 소소한 것들을 되새김해 문자화한다는 건 내겐 즐겁고 행복한 일입니다. 비록 작고 작지만 소중하고 귀한 글 쓰는 능력을 제게 허락해 주신 하나님께 먼저 무릎 꿇어 감사를 올립니다. 아울러 어린 시절 호롱불 아래 곡조를 붙여 이야기책을 읽으시던 어머니께 문학성을 받음에 감사를 드립니다. 또 곁에서 늘 변함없는 마음으로 격려를 아끼지 않은 남편과 항상 몇 배 부풀린 리액션으로 부족한 엄마에게 용기를 북돋아 준 세 아이들에게도, 자꾸 넘어지는 저를 부추겨 문학의 길로 이끌어 주신 스승님들께도, 변함없이 함께하며 명실상부 문학의 도반이 되어주신 문우들에게도, 마지막으로 저의 다채로운 글재가 되어 준 내 고향 강진의 산천과 삶 가운데 함께한 모두에게 고마움을 전합니다.

2023년 봄 서재에서 김명희

김명희 수필집

- 차례
- 작가의 말

1. 추억의 워낭소리

2. 어머니의 기도

3. 여유있게 살아가지

4. 문학의 길

5. 은행나무 아래 미니콘서트

6. 어머니는 제 인생의 나침반

1

추억의 워낭소리

새는 날아가는 순간을 잡기 위해 하늘을 날고, 물은 흐르는 순간을 잡기 위해 유유히 흐르며, 사람은 사라지는 순간을 잡기 위해 서로 사랑의 관계를 맺는다.

추억의 워낭소리

나날이 푸릇푸릇 돋아나 제 영역을 넓혀가는 새봄의 풀잎들이다. 그 푸른 들판을 바라보노라면 문득문득 지난날의 추억들이 하나둘 떠오른다. 새는 날아가는 순간을 잡기 위해 하늘을 날고, 물은 흐르는 순간을 잡기 위해 유유히 흐르며, 사람은 사라지는 순간을 잡기 위해 서로 사랑의 관계를 맺는다던가. 불현듯 그런 낭만적이고 시적인 생각보다는 새파란 풀 속에서 소 한 마리가 땡그렁 땡그렁 워낭소리를 내며 걸어오는 환상에 젖는다. 워낭소리는 지금은 까맣게 잊어버린 유년 시절을 되살려내는 시간이다.

농촌에서 자랐던 우리들은 너나없이 집안의 작은 일꾼 노릇을 톡톡히 했다. 하교하기가 무섭게 소를 끌고 나갔다. 산으로 냇가로 소를 끌고 다니면서 소에게 꼴을 먹였다. 종일 어린 주인을 기다리던 소만 배가 고픈 게 아니었다. 한참 군것질을 좋아할 시절 간식거리가 없던 터라 풋보리를 모닥불을 피워 구워 비벼 먹고 그 깜장 재를 동무의 얼굴에 서로 바르면서 뒹굴던 그리운 그 시절.

당시 촌부(村夫)였던 아버지께는 소가 당신의 유일한 재산목록 1호가 아니었을까. 한 해의 농사일을 준비하는 따뜻한 봄날 아버지는 소 갈퀴로 소 등과 온몸을 잘 빗겨주셨다. 마치 자식을 단장시키듯 정성을 기울여 다듬어 주시던 아버지와 주인에게 제 몸을 맡기고 어리광 피우듯 큰 눈을 천진하게 껌뻑이던 소의 모습, 그 아름다운 봄날의 풍경이 지금도 선하다. 우리 집 소는 유난히 등치도 우람하고 생김새도 잘생겼었다. 이웃집의 비쩍 마르고 성깔 사나워 보이는 소들을 보며 나는 가끔 키우는 짐승의 생김새도 어찌 그리 제 주인의 외모를 닮았을까 하는 생각도 했었다.

그러던 어느 날이다. 아버지의 자랑이자 잘생기고 얌전한 소가 그만 큰 사고를 저질렀다. 그날도 어른들은 들일을 하느라고 분주했다. 하는 수 없이 돌잡이 어린 막냇동생을 옹동이에 담아 놓고 일을 하는데 갑자기 자지러지듯 우는 아기의 울음소리가 들렸다. 아뿔싸! 이게 웬일이란 말인가? 소뿔에 아기가 통째로 걸려 흔들거리고 있었다. 버둥거리는 아기가 소에게는 공격의 신호로 보였던지 여기저기 찔러대다가 그만 소의 뿔이 아기 입속으로 들어가 걸렸던가 보다. 아무튼, 너무 놀란 나머지 입조차 다

물어지지 않았다. 내 외마디 비명소리에 어른들이 달려오고 그야말로 온 동네가 한바탕 난리가 났다. 그날 아버지께서는 역정을 많이 내시면서 처음으로 소에게 호통을 치고 나무라셨다.

농사를 많이 짓는 우리 집에서 모내기가 거의 끝나 갈 때쯤이면 소의 발바닥이 닳아서 땅에 발을 디딜 때 잘못 딛고 벌벌 떨기까지 했다. 아버지는 소를 끌고 오시면서 안쓰러워서 중얼중얼 소를 달래주시며 노심초사 어쩔 줄 몰라 하셨고, 뉘엿뉘엿 해가 저물고 아버지와 함께 일을 마친 소가 비척거리며 집 마당으로 걸어 들어서기가 무섭게 듬뿍 여물을 주시며 애지중지 쓰다듬고 털을 빗겨주시면서 오래 다독거리셨다. 정작 아버지는 우리 자식 중 어느 자식에게 그런 뜨거운 사랑의 표현을 해주신 적이 있으셨던가!

어느 해던가. 우리 동네에 재앙이 생겼다. 지금 생각하니 광우병이 아니었나 싶다. 어느 날 우리 윗집 소가 쓰러졌다. 그다음 날은 아랫집. 이 집 저 집에 소들이 떵떵 넘어졌다. 우리 동네 어르신들은 동네가 망하려고 이런 재앙이 생겼다고 야단들이셨다. 설상가상 젊은 장정들이 몇 년 걸려 연이어 쓰러지자 이건 보통 일이 아니라며 갖가지 소문마저 퍼지면서 온 동네가 흉흉했다. 마을에 우물을 잘 못 파서 이런 일이 생겼다느니, 마을에 신 내린 사람이 생겨서 그렇다느니, 하고 수군거렸다.

우리 집만 그랬을까. 그 시절에는 소는 한 집안의 귀중한 보배요 큰 재산이었다. 소들이 없는 집에서는 이웃 새끼 낳으면 그

걸 배냇 것으로 가져다 길렀다. 그 송아지가 자라서 새끼를 낳으면 송아지는 본인이 가지고 어미 소는 원주인에게 되돌려주는 식이었다. 소야말로 재산을 늘리는 유일한 존재였으니 자식들의 학비나 농사 비용으로 요긴한 살림 밑천이었다.

격세지감이라더니 이제 일하는 일소에서 밀려나 고깃감으로 전락, 소는 그저 한 마리 고깃덩어리일 뿐이다. 농사일의 한몫을 담당하는 큰 일꾼이요, 한 식구라는 개념은 없어진 시대로 변천했다. 농토도 예전보다 줄었고 경운기라는 기계가 들어와 소를 밀치고 전성기를 누리는가 싶더니 지금은 트랙터 등등의 각종 농사 장비가 대신 일을 하기 때문에 들에서 일하는 소는 눈 씻고 찾아도 볼 수 없게 되었다. 누런 털의 소는 착한 한우라는 이름의 먹거리로 변신하여 일부 지자체에서는 인구수보다 소 숫자가 더 많아 곳곳에 대형 축사들이 즐비하고 몇억 대 부자들이 흥행을 누리고 있으니 이것 또한 우리 농촌의 변천사가 아닌가?

가을 논들은 반듯반듯하게 경지 정리가 되어 누런 황금빛 벌판으로 가득 넘실거린다. 여린 연두색에서 진한 황금색으로 변신한 논에서는 올해도 풍년을 맞아 수확량이 예년과 비교해 더욱 많이 나온단다. 하지만 너무 안 되도 걱정, 잘 되어도 또 걱정이다. 걸핏하면 도지는 소값 폭락처럼 올해는 나락 값이 하락일 것이 아닌가. 때아닌 돌림병으로 오랜 지기(知己)인 당신의 정든 소를 잃고 허공을 향해 긴 한숨을 내쉬던 유년의 아버지 등처럼 농촌의 가을이 또 쓸쓸하다.

『모란촌』 2015.

한줄기 바람

폭염의 기승에 등줄기로 진땀이 흘러내린다. 어둠이 내리기엔 아직 이른 시간 검은 잠자리 한 마리 지하 계단 위에서 길을 잃었을까. 방황하듯 나래짓 하며 이리저리 헤매고 있다. 어디선가 귀뚜라미 울음이 들린다. 이 폭염 속에서도 가을이 오는 걸 어찌 아는 걸까. 또르르 또르르 가슴을 상쾌하게 한다.

문득 가을이란 단어가 내 마음에 스며드는 순간, 발길은 저절로 서재로 향했다. 매사 마음먹기 달렸다 했던가. 창문을 여니 선선한 한줄기 바람이 온몸을 스치며 지나간다. 폭염 속에서 감지하는 이 삽상한 느낌, 언젠가도 이런 서늘한 바람의 기척을 살갗으로 느낀 적이 있었다. 그럴 때면 뭐라도 한 줄 쓰고 싶은 충동에 책상에 앉는다. 매번 생각의 고리는 좀체 풀리지 않아 유감이지만.

무심코 창밖을 내다본다. 찌르르, 찌르르 새 한 마리 꽁지를 흔들며 지저귀고 있다. 한참 새의 기척을 살피다가 일어나 밖으로 나갔다. 매일 아침 살펴보는 작은 텃밭이다. 울타리를 타고 가는 오이 넝쿨들이 의지할 곳 없는 허공을 향해 흔들리고 있다. 치솟는 제 꿈을 더 이상 펼치지 못하고 급기야 바닥으로 기어가는 형상이 안타까워 서둘러 제 방향을 잡아주었다.

올봄 오이 다섯 그루에 작두콩 열 개, 고추 모종을 열 개 심었다. 그것들이 하나도 실패 없이 튼실하게 자라는 것이 참으로 보기 좋았다. 그런데 어느 날부터인가 어디서 나타났는지 하얀 토끼가 아침마다 다녀가기 시작하더니 내미는 고추 싹마다 싹뚝 싹둑 잘라 먹어버린 게 아닌가! 매운맛에 심취한 토끼 녀석의 횡포라니, 겨우 열 개의 모종을 심어 큰 수확을 기대한 건 아니지만 올해 고추는 영 망쳐버렸다.

그에 비하면 오이는 성공이다. 지금까지 수확한 것이 열두서너 개는 넘은 듯싶다. 갓 따온 오이를 곱게 채 썰어 식초에 매실청을 넣고 사각 얼음을 넣어 냉채를 만들어 먹는 재미가 쏠쏠했다. 그 재미 덕택인지 아침마다 울타리 가에 채소밭을 둘러보는 것이 하나의 취미거리요, 일과가 되었다. 애면글면 자란 고추도 한 주에 12개가 달렸다. 1000원 한 장이면 봉지 가득 담아 주는 시장의 고추와는 다른 맛! 모양새는 빼어나지 않지만 손수 가꾼 작물이 주는 아주 특별한 맛에 따면서도 어느새 군침이 돈다. 조심스런 손길로 네 개를 따왔다. 멸치, 새우, 다시마로 육수를 우려 바지락을 넣어 된장국을 끓였다. 남편은 이 세상에서 먹어본 된장국 중 제일 맛있는 명품이라고 너무 맛있게 잘 먹었다고 과찬을 남발한다. 직접 가꾼 고추를 된장에 찍어 먹는, 소찬의 이 저녁이 참으로 맛깔스럽고 소박한 행복감을 주며 몸과 마음을 힐링해 주는 귀한 선물인 것 같다.

거실 창문으로 어제와는 다르게 부는 바람이다. 그 바람의 초대에 화답하듯 늦은 산책을 나섰다. 하늘엔 조각달이 희미하게 떠 있다. 양편에 펼쳐진 논에선 벼들이 건강미를 떨치며 쑥쑥 올라오고 있는데 성급한 벼는 벌써 피고 있었다. 갈대밭 사이 강기슭에서 서서히 어둠이 내려오고 있는 것을 보는 이 한가함! 폭염의 기운 속에서도 감지되는 가을 초입의 서늘함을 오랜만에 만끽한다. 어김없이 무언가에 골몰하고 무언가에 허둥거리며 지나온 2019년, 작물과 교감하며 자연과 함께하는 이 하루가 주는 여유로움을 상큼한 고추 맛에 비할까. 나의 하루는 이렇게 한줄기 바람과 함께 또 저물어 가고 있다.

찔레꽃 피는 여름

애처롭기 짝이 없는 뻐꾸기 울음소리가 드높은 6월 초순이면 산야마다 무더기 무더기로 하얀 찔레꽃이 피어난다. 꽃은 피는 것이 아니라 우리 고향의 산과 들, 신작로를 가리지 않고 그야말로 흐드러지며 향기를 풍겼다.

엄마일 가는 길에 하얀 찔레꽃
찔레꽃 하얀 잎은 맛도 좋아라

흥얼흥얼 찔레꽃 노래를 부르며 차를 달리다 보니 춘곤증 닮은 나른한 추억이 뭉실뭉실 피어난다. 찔레꽃 피어나는 계절이 오면 어김없이 떠올라 나를 미소 짓게 하는 유년의 추억이 있다.

친정집 동네 어귀에 자리 잡은 한 무더기 찔레꽃을 떠

올리는 것만으로도 내 머리가 어지럽도록 향기가 풍긴다. 예나 지금이나 찔레꽃은 무더위가 임박했음을 알리는 여름의 전령사였다. 그 특유의 진한 향기가 풍기면 이디선가 날아든 한 무리의 벌떼들이 윙윙거리며 꽃을 포위하며 진을 친다. 꼭꼭 씹으면 입안 가득 달콤한 맛을 내던 연녹색의 찔레 새순은 별다른 군입거리가 없던 우리들에게 좋은 간식거리였다. 욕심 많은 남자애들은 하얀 찔레꽃을 따서 볼이 터지도록 먹기도 하였다. 계집애들이 제 신던 고무신에 물을 떠서 찔레꽃을 송이째 곱게 꽂아 얌전히 벗어 두고 물놀이를 하던 그날이 어제만 같다. 이제 다시 돌아갈 수 없는 그리운 그 시절!

유년의 구불구불 정겹던 논두렁 밭두렁은 이제 농지 정리로 잘 정돈되어 산뜻은 하지만 옛날의 그 아름답던 정취는 온데간데없이 사라져 버렸다. 마치 두부모 잘라 놓은 듯 반듯반듯하여 이발 막 끝낸 새신랑의 머리처럼 인공적이어서 너무나 허전한 마음이 드는 것은 나뿐이 아닐 것이다. 인간의 뇌리에 특별히 각인된 생각은 언제나 떠나지 않고 맴돌기 마련인지 여전히 꼬리에 꼬리를 물고 어김없이 딸려오는 옛 추억에 괜스레 혼자서 킬킬대 본다.

때는 바야흐로 더위가 맹위를 떨치기 시작하는 여름 초입, 찔레꽃 지천으로 피어나던 바로 이맘때 우리 할머니와 이웃 할머니들까지 세 분이 오순도순 장에 다녀오는 길. 상전벽해(桑田碧海), 강산이 곤두박질친 세월이 흘러버린 지 오래, 지금처럼 버스가 있었나. 변변한 교통수단이 없던 시절이라 의지할 곳이라고는 11호 자가용인 당신들의 두 발뿐. 연신 땀을 뻘뻘 흘리며 장 보따리를 이고 오시다가 저수지 수로에 흐르는 시원한 물을 보고 할머니들은 누가 먼저랄 것도 없이 의기투합 땀에 젖은 삼베 적삼을 훌훌 벗으셨겠다. 그렇게 정신없이 목욕을 하시다가 에구머니나! 할머니 한 분이 그만 수로 낙차 아래로 떨어지고 마는 불상사가 일어난 것이다. 생사의 기로에 빠진 이웃의 사고에 어찌할 바를 모르시던 할머니들은 홀랑 벗은 상태로 물 밖으로 나오셨다. 그리고 두 손뼉을 마주치며 평소에는 나오지도 않는 목소리로 사람 살리라고 소리소리 지르실 수밖에 없었다.

들판을 가로지르는 할머니들의 다급한 SOS 구조 신호! 때마침 논에서 쟁기질하고 들일을 하던 남정네들이 순식간에 몰려들었다. 역시 의리로 똘똘 뭉친 어르신들은 너 나 할 것 없이 뛰어들어 물에 빠진 할머니를 무사히 건져낸 것이다. 다행인 것은 그 높은 곳에서 떨어진 할머니는 낙차 사이 공간 속에 들어 있어서 물도 전혀 안 먹고 다친 데도 없이 무사했었다나 어쨌다나. 그동안 요조숙녀로 동네 평판이 자자하던 우리 할머니만 공연히 큰 우세를 하신 것이다. 쭈그러진 젖가슴 보일 것 안 보일 것 다 보인 할머니들의 망신살 사건이랄까.

다행히 그 사건은 온 동네가 떠들썩하게 소동만 요란했지 아무런 뒤탈이 없었다. 가없이 피어났다가 아련한 향기만 남기고 한순간에 지는 찔레꽃 닮은 삼흥리의 에피소드는 해마다 찔레꽃 피어나는 계절이 오면 그 사건이 떠올라 쿡쿡 웃음의 도가니로 밀어 넣는다. 그 사건의 주인공 중 한 분인 할머니가 사무치게 그립다. 우리 할머니는 다른 시골 할머니들과는 남달랐던 단아한 외모, 언제나 반듯한 가르마에 동백기름을 발라 곱게 빗은 쪽머리를 고수하시던 품격 있는 모습, 말년엔 아들딸 잘 두어 호강하신 우리 할머니. 언제나 좋은 옷에 두툼한 용돈 주머니는 단단히 옷핀으로 잠그고 다니셨다. 무슨 열이 그리 많으셨던지 싸늘한 날씨에도 이불을 덮고 선풍기를 켜 놓고 주무시는 희한한 잠버릇이 아직도 생각이 난다.

제 소명을 다하고 떨어질 무렵의 찔레꽃은 잘 거른 막걸리 빛깔이다. 그러고 보니 일 년 열두 달, 우리 집에는 막걸리가 안 떨어졌다. 우리 집 뒷뜰 대밭 사이에는 동굴이 있었다. 막걸리를 담가 그곳에 보관하여 숙성시키니 얼마나 맛이 있었을까! 어느 봄날, 할머니께선 술을 떠다 거르시려고 술을 들고 종종걸음으로 부지런히 걸어오셨다. 그런데 갓 깨어난 병아리들이 모이를 주는 줄 알고 떼를 지어 몰려다니며 할머니 발걸음을 방해하던 모습이 마냥 어제 일만 같다. 봄날 그 샛노랑 병아리 떼와 할머니의 정갈한 흰 고무신이 개나리꽃처럼 내 눈을 클로즈업시키던 그 기억이 스냅사진처럼 내 머릿속에 자리 잡아 세월이 오래 지났지만 그 봄날의 찔레꽃 비슷한 계절의 향기라도 맡을 양이면 선명하게 그 장면이 떠오르고는 한다. 향기로 소환되는 옛 추억에 오늘도 나는 잔잔한 미소가 지어진다.

까마득히 잊고 살다가도 이따금 떠오르는 그 시절의 정취에 추억을 먹고 사는 양 배가 불러오는 이 기분, 내가 어른이 된 지금에도 꼬꼬마 적의 찔레향 풍기는 아름다운 기억들은 눈부시게 빛나는 광채로 내 머릿속에 여전히 간직되어 있다.

자연이 주는 지혜

'구겨지지 않는 노래를 부르며 숲으로 들어가 숲의 문을 차례로 열어젖히고 끝 보이지 않는 깊은 산 속으로 터벅터벅 걸어 들어가 살고 싶어진다. 마음의 어둠 훌훌 털어 버리고, 우수수 쏟아질 듯 열린 하늘 가득한 별들을 한낮에 추수하여 아무도 알지 못하는 한 재산 일구어내는 숲 닮은 광활한 사람을 꿈꾸는 눈동자 깊은 사람이 되어' 어디서 발췌했는지 모르는 메모장에 적힌 글에서 금방이라도 푸른 물이 뚝뚝 돋을 것 같은 이 정결한 문구에 간절히 떠오른 숲.

바람결에 초록이랑을 들썩이고 있을 숲의 유혹에 길을 나섰다. '그늘에 들어가야 그림자가 쉬고, 고요한 데 머물러야 발자국이 쉰다' 했으니 지친 몸과 마음을 가다듬는 여유를 갖고 싶어졌다.

나무와 항아리, 꽃, 돌, 책 등등과 함께 내가 오래오래 벗 삼고 함께 가기로 한 것들 중의 하나다. 평생 한 곳에서 상처 받은 우리의 근심을 들어주고 언제라도 가슴 내밀어 넉넉히 기대게 해 주는 존재가 몇이나 될까. 저 광활하게 펼쳐진 울울창창한 산림도 누군가 정성껏 심은 한 그루 묘목에서 출발했으리라, 한 사람의 정성스런 손길 발길이 그곳에 제 둥지 틀어 놓고 찬미가를 부르는 새의 노래와 잎사귀에 살랑거리는 바람과 넉넉한 햇살, 거기에 세월이 거들어 완성한 합작품이다.

보은산 샘터를 향해 천천히 올라간다. 내 발자국이 수풀의 줄기를 다독이는 한 줄기 가벼운 바람의 행보처럼, 눈부시되 요란하지 않는 햇살처럼, 그리고 유난히 목소리 고운 새처럼, 할 수 있다면 낙엽 사이를 기척 없이 다니는 작은 풀벌레 닮기를 바라며, 웬일인지 오늘은 사람이 없다. 인적이 없는 곳에 자리한 샘터 벤치에 앉아 내 삶의 풍경화를 펼쳐본다. 수풀 사이로 보이는 파란 하늘에 한 조각 구름 미세한 바람이 주는 운치에 젖어 그곳에 머무는 한 여인, 그 심신을 들여다보니 이런저런 단상들이 스친다.

솔바람이 나뭇잎에 스치는 자연의 소리가 오래된 친구를 만난 것처럼 편하고 정겹기만 하다. 깊은 심호흡을 해 본다. 자연이 들려주는 지혜 속으로 산속의 공기 정화로 얽히고설켜 산만하던 머리가 상쾌하고 심신이 안정되는 느낌이 들었다. 명상과 같은 편안한 상태가 되면 우리의 뇌에서는 뇌파의 활동이 완화되고 알파파가 폭발적으로 생산이 되는데 이 상태를 알파상태라고 하지 않는가! 간만에 알파상태로 들어가 보자.

하얀 수피가 너무나 아름다워 예부터 우리 조상들이 귀하게 여겨 수중 공주요, 나무의 여왕으로 불리는 자작나무가 생각난다. 어디선가 수런대는 자작나무의 음성이 들리는 듯한 숲에서, '나는 누구인가?' '나의 삶은 어떤 의미가 있는가?' '나는 지금 무엇을 위해 어디를 향해 이리 정신없이 달려가고 있는가?' 등등, 우리 삶의 근본적인 질문에 대한 답을 찾지 못해 허망함으로 맥이 빠지면 지상의 석학이자요 은자인 숲에게 물어보자. 해답을 얻을 수 있는 가장 맞춤한 장소가 숲이 아닌가! 불현듯 찾아온 자연이 연출해준 숲에서 무한한 에너지를 얻고 내일을 활기차게 열어가리라.

『전남수필』 2017. 9.

요나의 기적

몇 년 전 있었던 세월호 사건이 스치자 내 귓전에 종일 환청이 들립니다. 차가운 심해에서 겁에 질린 아이들이 내는 신음과 고통의 단말마. 그래서 체머리인 양 자주 머리를 흔듭니다. 어떻게 이럴 수가… 어떻게 이런 일이… 좀체 현실감이 들지 않습니다. 대한민국 사람이라면 누군들 예외가 있겠습니까. 우리 모두가 형제를, 친구를, 자식을 수십 미터 물속에 잠겨 두었으니 도대체 안절부절, 아무 일에도 집중할 수가 없습니다.

어느 기자는 이렇게 썼습니다. '구조단의 노력으로 인양된 아이들의 시신이 도착하면 임시로 급조된 가족 확인실에서 터져 나오는 곡소리는 차마 묘사하기가 어렵다'고요. 한 구, 한 구 도착과 동시에 아아악…. 아아악…. 엄마들은 말 대신 이런 비명을, 아빠들은 굵은 소리로 울음을 터트린답니다. 사실 울지 않은 사람이 어디 있습니까. 주르륵 눈물을 자주 떨군 제 눈도 시큰거립니다. 치미는 분노로 가슴은 벌컥거리고요. 마음도 몸도 부서지는 고통이 먼지 알 것도 같습니다. 그 고통에서 이 땅의 누구도 자유롭지 못합니다. 우리 모두 함께 불쑥불쑥 치미는 화를 가눌 길이 없습니다. 밥을 먹다가도, 길을 걷다가도, 무심코 하늘을 올려다보다가도 간헐적으로 버럭버럭 원망의 말을 뱉습니다.

선장을 비롯해 책임 있는 자들이 먼저 도망가기에 바빴다니! 삼삼오오 모이기만 하면 그들에겐 종신형도 가볍다 판결하기도 합니다. 무엇보다 답답한 건 구조 현장의 화면입니다. 유속도, 풍랑도, 기상 조건에 구조 장비까지 그분들은 열악한 조건을 감수해가며 나름대로의 최선을 다하고는 있겠지만 울화가 치밀 정도로 진도 더딘 구조작업에 손발이 다 떨릴 지경입니다. 아이들의 맑은 눈망울, 무책임한 어른들의 허튼소리에도 불구하고 곧이곧대로 순종하였을 아이들, 아, 아! 당장 할 수만 있다면 화면 속 뒤집힌 배를 발칵 원상태로 뒤집어 놓기라도 하려는 듯 부지불식간에 두 어깨에 잔뜩 힘이 들어가기도 합니다.

그런가 하면 사고 이후 생긴 증상입니다. 마치 가라앉은 수중의 배 속에 갇혀 있는 듯 몰려오는 통증과 숨 막힘, 몇 날 며칠 가슴 짓누르는 압박감이며 답답함이 그 원인이겠지요. 우리 모두는 죄인, 차마 화면 속 희생자 가족들을 쳐다볼 수가 없습니다. 뭔가 엄청나게 큰 죄를 지은 심정 때문입니다. 억지로 떼어 놓은 천륜, 그 아픔을 대변하는 말 중 '단장(斷腸)'보다 더 알맞은 게 있을까요. 톡톡 끊어진 창자로 한 치라도 자식 가까이 있고 싶어 밤바다를 뜬 눈으로 지키며 하루하루를 간신히 버티고 있을 실종자들의 어머니와 아버지들….

우리의 안일함, 우리의 무관심, 우리 사회의 모든 구조적 병폐가 부른 참사입니다. 몇 마디 위로의 말조차 송구합니다. 누군가는 안타까움에 제발 초침을 잠깐 멈추어주시라 어린아이들처럼 떼를 쓰기도 하고 다시 살려내라, 억지 요구도 했습니다. 저 역시 큰 능력 있으신 하나님께 매달려 바라노니 사흘 만에 고래 배 속에서 나와 가족 품으로 안긴 구약 성경 속 요나의 기적을 주십사는 기도를 올리고 싶습니다. 속수무책인 저는 제 할 수 있는 모든 정성을 모아 아주 간절하고 간절하게 두 손 모아 무릎을 꿇습니다.

여자의 덕목

오늘 어머니를 뵈었다. 머리는 바짝 잘라 병색 완연하다. 남자의 머리도 아니요, 여자의 머리도 아닌, 오랜 병고에 시달려 눈에 띄게 초췌해지신 안색을 차마 오래 마주할 수 없다. 그 단아하고 곱던 모습이 완전히 일그러진 상태, 이제 당신 생의 마지막이 얼마 남지 않았음을 실감하게 하는 모습에 가슴 한쪽이 송두리째 무너지는 통증이 밀려온다. 그런 당신을 그저 망연히 바라볼 뿐 딱히 해드릴 것도 또 뭐라 할 말도 없다.

동네에서 소문난 솜씨와 마음씨 좋은 분, 누구보다 신문물에 밝은 어머니였건만 흐르는 가시로도 막을 수 없다는 모진 세월과 함께 늙고 병들면 아무것도 쓸데없는 무용지물이 되는가. 자신의 몸 하나 제대로 가눌 수 없는 어머니, 그를 속수무책 지켜만 볼 수밖에 없는 무능해 빠진 자식 노릇을 어찌할까!

사람에게는 네 가지 씨가 있어야 한다고 했다. 특히 여인네에게는 더욱 강조되던 말이다. 인생에서 가장 중요한 것은 남을 미워하지 않는 것, 주변의 어느 누구에게도 악한 마음을 품지 않고 사랑을 가져야 한다. 이에 가장 으뜸인 것이 마음씨니 착하고 고운 마음씨는 인생의 첫 번째 근본 갖춤새요.

그 두 번째는 말씨다. 조리 있고 아름다운 말씨는 그 사람의 인품과 교양, 지식과 성격까지 그대로 드러내 준다. 입을 다물고 있을 때는 천하절색이었던 여인네가 입을 열자마자 독기 가득한 말투에 앙칼진 목소리를 내지른다면 너나없이 정나미가 떨어질 것은 당연하다.

세 번째 맵시는 자신을 정갈하고 곱게 꾸미는 것으로 울긋불긋 치장하는 사치와는 거리가 멀다. 평소 잘 손질된 깔끔한 의상과 적재적소에 걸맞은 차림새로 자신을 알뜰하게 가꾸는 자세다. 거기에 추가하여 행동까지 분수에 어울리게 하는 것이다. 수완 좋은 정치 행보로 세계의 칭송과 주목을 받는 메르켈 총리가 최근 질질 끌리는 통바지 차림으로 공식 행사장에 나타났다 하여 다소 격 떨어진 패션이라 하며 세인들의 입에 오르내렸다. 머릿속 지식이 아무리 빼어나도 사람은 결국 그 사람이 풍기는 매력적인 맵시에 우선해 끌리는 게 당연하다.

네 번째는 솜씨이다. 음식 솜씨나 손재주를 뜻하니 이 모두는 스스로 키우는 것이다. 요즘 TV에서 셰프라 불리는 프로 요리사들이 뜨고 있다. 남들과는 다른 자신만의 고유한 영역을 개척해 부단히 연마한, 즉 장인정신이란 말이 시사하듯 현대인이라면 그 어떤 분야의 것이든 자신만의 독특한 솜씨를 최소한 하나 이상 지녀야 하지 않을까.

돌아보면 내 어머니는 어려운 여건 속에서도 언제나 조용하고 인내하시던 분이셨다. 조선의 여성 전형적인 여성상이었다고 할까. 그러니 인생살이 지녀야 할 첫 번째 덕목, 마음씨에서는 무난히 통과하신 셈이다. 말씨는 또 어떠셨나. 대 장손 며느리라는 신분 때문에 귀머거리, 벙어리로 산 세월이 어찌 삼 년뿐이셨던가. 말도 많고 탈도 많은 손아래 다섯 시누이들과 셋이나 시동생들을 자식 키우듯 건사해 보듬느라 정작 자신의 가슴엔 피멍이 든 불쌍한 내 어머니, 하지만 자애로운 목소리는 언제나 변함이 없으셨다.

우리 형제들은 어머니가 만들어 주신 옷을 차려입고 학교에 가면 모두들 도대체 어디서 구한 옷감이냐고 모두들 신기해하며 만져보았다. 자투리 천으로 아기자기 바이어스를 대어 단조로운 옷에 때깔을 입혀주시던 어머니의 바느질 솜씨를 내 어찌 흉내라도 낼 수 있을까. 그런 어머니가 요즘 들어 아슬아슬한 벼랑 끝 바위 자락에 시들어 날릴 위기에 처한 쑥부쟁이 신세가 따로 없다. 행동거지나 맵시나 솜씨에서 무엇 하나 버릴 것 없던 분의 마지막 여정이 이토록 서글플 수가 있을까. 누구를 붙잡고 따져 물어야 될까. 이 세상에서 당신이 가장 소중하고 귀하다 여기셨던 보물인 이 자식들이 당신 코앞에 있는 데도 별 반응이 없으시다. 대신 이 세상에서 가장 소중하고 귀한 보물인 어머니를 잃을 위기에 처한 자식들의 가슴만 종일 동동거린다. 당신이 지니셨던 모든 것을 송두리째 내려놓으신 듯 하루 종일 몇 마디 말씀조차 없으신 어머니, 시나브로 꺼져 가는 불씨처럼 위태위태한 어머니, 그런 당신이 이 딸에겐 너무도 안타깝기만 합니다.

『강진문학』

여름나기

에어컨에 선풍기까지 동원해야 겨우 다스려지는 더위에 지쳐서일까. 계절감을 상실하게 하는 실내의 서늘한 냉기에 든 착각이리라. 솔바람 시원한 가을의 정취가 불현듯 간절하다.

24절기 중 입추와 백로 사이에 낀 처서도 이미 지났다. 목하 부정할 수 없는 가을의 입구에 들어선 것이다. 그래 제아무리 맹위를 떨치던 더위도 한풀 수그러들기 마련이라는 처서, 튼실한 결실을 위해 태양은 마지막 안간힘을 쏟기 마련이라 처서에 비가 오면 독의 곡식이 준다 했다. 하지만 사상 유래 없는 올해의 폭염이다. 여전히 기세등등한 여름의 위세에 천하 만물이 허덕이는 형국이다. 타들어 가는 대지, 차라리 이 무더위를 식혀줄 한줄기의 소나기가 간절해진다.

쉬지 않고 에어컨이 작동되는 실내에서 밖으로 나오니 마치 바짓가랑이에 다리미를 대는 것 같은 착각마저 든다. 바짝 달아오른 시멘트 바닥에 달걀을 깨트리면 영락없이 계란프라이가 될 성싶다. 도로변의 플라타너스는 뜨거운 물에 데쳐진 것처럼 노랗게 말라비틀어져 있다. 문득 떠오른 누군가의 시 「처서」다.

벽을 기어오르던 담쟁이덩굴이
허공을 거머쥐고
미처 부르지 못한 매미의 노래
깊게 파인
상수리나무 상처에 가 스밀 때….

정말이지 가만히 있어도 숨이 컥컥 막히는, 이 견디기 힘든 살인적인 더위 속에서 뉴스는 밭일을 하다가 숨진 할머니 소식을 전한다. 주인의 발길 소리를 듣고 자란다는 밭작물들이 고사(枯死) 직전, 자식처럼 기르던 채소들이 바작바작 말라가는 안타까움을 그대로 두고 볼 수만은 없었으리라. 그 심정을 십분 짐작하면서도 나도 모르게 일면식도 없는 할머니를 향해 안쓰러움 뒤섞인 원망을 터트렸다.

목하 70년 만의 무더위라는 아우성, 그에 따른 전력사용 초과로 곳곳에서 정전 사태가 연발하는 이 폭력적인 무더위가 사람을 질리게 한다. 이상기후의 본새가 갈수록 예사롭지 않다는 탄식에 걸맞게 오늘도 예외 없이 푹푹 찐다. 이달 말까지 학수고대하는 비 소식마저 없다고 히니 이게 도내체 어찌된 영문인지 알 수가 없다.

문명의 이기인 에어컨이 없다면 도저히 견딜 수 없는 이 작열하는 열기에 저절로 그리워지는 내 유년의 풍경이다. 석양의 그늘이 내리기 무섭게 앞개울에서 시원한 물로 목욕을 하고 마당에 멍석을 깔았다. 마당 한구석에 향긋한 풀냄새를 풍기는 모깃불을 피우는 것이 일상이었다. 양푼 가득 내오시던 어머니의 정성. 잘 영근 옥수수에 푹 쪄낸 햇감자는 기나긴 여름밤의 맛깔스런 간식이었고말고. 도란도란 어른들의 전설 같은 얘기를 듣다보면 더위는 어느새 물러가고 오싹 드는 한기가 온다. 바람 솔솔 통하는 삼베 이불을 끌어당겨 덮고 누워 밤하늘의 별똥별 흐르는 것을 본다. 그중 유난히 푸른 별을 쳐다보며 막연히 꿈꾸던 미래, 별들 중 가장 익숙한 북두칠성과 은하수를 보면서 어느덧 들었던 잠. 그 운치를 이젠 어디에서 찾을까.

어느덧 새벽이슬에 쫓겨 허둥지둥 방으로 들어와 다시 꽃잠이 든다. 일찌감치 논에서 돌아오신 아버지의 기침 소리로 여는 비로소 아침. 식사 시간이면 라디오 방송에서 흘러나오는 '우리 집은 언제나 웃으며 산다'를 들으면서 둥근 상에 둘러앉아 아침을 먹었다. 여름이면 즐겨 먹던 꽁보리밥에 간고등어구이, 또 빼빼한 갈치의 짜디짠 맛! 제아무리 고급스런 음식인들 유년의 그 맛을 능가할 수 있으랴. 요즘 들어 부쩍 그리워지며 군침이 돈다.

탐욕이 부른 환경오염은 날카로운 부메랑이 되어 우리를 공격하고 있다. 갈수록 옛날이 그립다. 시원한 계곡에서 부채질로도 너끈히 물리칠 수 있었던 한여름의 더위, 어딘가에서 접했던 그 선인(先人)들이 부럽다. 눈 감고 누워서 천 리를 유람했다는 이익 선생의 이야기가 생각난다. 처서 지나 어느덧 중추절이 코앞인 9월 중순이 되도록 찾아올 기척이 없는 절기 가을에 아직도 우리의 불편한 여름나기는 이어지고만 있다.

『전남수필』

엄마의 집

평생을 내 곁에 꼭 잡아 두고 끝까지 함께하고픈 사람이 누굴까. 아무리 보아도 질리지 않는 대상의 으뜸은 부모와 자식 간이 아닐까! 큰딸인 나는 유년 시절은 물론이요, 처녀 시절에도 엄마와 친구처럼 다정했다. 나는 엄마가 내 엄마여서 언제나 자랑스러웠다. 당신의 손끝이 스치는 곳, 당신의 발길이 지나는 곳은 항상 빛이 났다. 항상 건강하고 씩씩한 사람이 엄마였다. 그래서일까. 단 한 번도 허약한 엄마를 상상해 본 적이 없었다. 그런 엄마가 요즘은 당신의 부지런한 손을, 누구보다 씩씩하던 발걸음을 속수무책 멈춰 놓고 계신다.

처음 엄마를 '요양원'이라는 곳에 모시고 난 후 뜨거운 눈물을 쏟았다. 돌아서는 내 발걸음은 후들거리고 낯신 곳에 홀로 계실 엄마 생각을 하면 몇 날 며칠 가슴이 벌렁거렸다. 그 옛날 깊은 산에 부모님을 버려두고 빈 지게 지고 산길을 내려오는 자식의 심정이 딱 이랬을까. '현대판 고려장'이라는 가책, 애면글면 키워 주신 엄마를 내친 딸이라는 낯부끄러운 상처는 쉽게 딱지가 아물지 못했다. 어머니의 안부를 묻는 사람들을 회피하는 내 상황이 너무도 고통스러웠다. 누구 알만한 분들과 함께 요양원 같은 곳을 방문을 하게 되면 정말 힘이 들었다. 무슨 나쁜 짓을 하다가 들통이 난 것처럼 떳떳하지 못한 심경을 어떻게 말로 표현할 수 있을까!

입소 후 첫 설 명절이 되는 해였던가 보다. 엄마는 당신을 모시러 간다는 소식을 들은 즉시 미리 보따리를 싸두시고 기다리셨던가. 제법 쌀쌀해진 날씨에 두꺼운 옷을 준비해 갔다. 아뿔싸! 막상 현관에서 엄마의 신발을 챙겨주시는 선생님께서 내미시는 신발을 보자, 기가 막혔다.

"할머니는 여름에 오셨기 때문에 신발이 망사 신발밖에 없어요. 병원 가실 때에도 하는 수 없이 이 신발을 계속 신고 다니셨어요."

요양보호사 여사님의 이 말은 그대로 날카로운 가시가 되어 내 가슴을 마구 후벼 찔렀다. 아니 망치로 머리를 한 대 호되게 맞은 듯 둔중한 통증은 오래갔다. 차가운 기온에도 불구하고 온몸에서 뜨거운 훈기가 차오르고 얼굴이 새빨개졌다. 얼마나 부끄럽고 창피하든지 안절부절 너무 면목이 없었다. 헐렁한 망사 신발을 신고도 그저 아이처럼 흐뭇한 표정으로 못난 딸자식의 손을 행여 놓칠세라 당신의 눈부처로 새기신 내 엄마의 눈 속에서 나는 하염없이 울고 있었다.

세상 모든 어머니가 그러셨듯이 내 어머니 역시 어머니란 이름을 부여받는 순간부터 한이 서린 삶을 사셨다. 어느 누구에게도 말 못 하고 시도 때도 없이 아려오는 당신의 속병을 홀로 삭히며 살아온 눈물 젖은 세월이었다. 다시 돌이켜보니 놀랍게도 내 기억 속 어디에도 엄마의 건강하고 편안한 모습은 없었다. 더구나 당신의 평생을 붙들고 있는 병은 원인조차 선명치 않으니 당신의 고통은 더 말해 무엇을 하겠는가.

갈수록 팽배하는 물질만능주의 탓일 게다. 내가 딛는 대지를 등에 업는 형상의 효(孝)라는 단어는 점차 의미를 잃어간다. 일부 부모님 모시고 사는 자식들은 보이지 않는 갈등을 가지고 있다. 그런데 피도 눈물도 안 섞인 어르신들을 돌보는 요양원 돌봄 가족들의 거룩한 마음이 고맙기 그지없다.

얼마 전 노인 전문 요양원에서 자원봉사를 한 적이 있다. 깨끗이 목욕시켜 드리고 옷을 갈아 입혀드린 후 방으로 옮겨드리니 어르신들은 개운해서 참으로 행복하다, 고맙다, 연신 내 등을 토닥여 주셨다. 그분들의 환한 웃음을 보며 함께 뿌듯해하면서도 순간순간 희비가 엇갈림은 무엇을 의미하는가.

따뜻한 사랑과 행복이 넘치는 집에서 뵙는 엄마의 모습은 편안하다. 자식보다 더 살뜰히 모시고 봉사하시는 원장님과 행복한 집 모든 분들의 온정어린 손길 덕택이리라. 겨울에는 따뜻하게 여름에는 시원하고 쾌적한 분위기를 만들어 우리 자식들이 못하는 일들을 맡아서 도와주시니 정말 고맙고, 감사한 마음 금할 길이 없다. 하지만 요양보호사 선생님들의 정성스런 도움으로 조금씩 건강이 회복되시는가 싶다가도 다시 몸을 못 가누는 애처로운 우리 엄마, "나는 그대가 곁에 있어도 그립다"고 한 시가 있다. 나에겐 엄마가 그랬다. 머잖아 '그리움'이라는 맑고 아픈 선물을 딸의 가슴 한복판에 떨구고 가실 우리 엄마, 그분에게 가는 길은 언제나 즐겁다고 마음을 바꾸기로 했다.

그야말로 명경처럼 푸른 바다가 펼쳐진 그림 같은 곳에 엄마는 계신다고. 엄마가 이곳 '행복한 집'의 1호 입소자였으니 어느덧 여기서 생활하신 지도 어언 몇 년이 되었는가. 세월의 무상함을 새삼 느껴본다. 호암봉 산자락에 자리해 죽도와 강진만이 내려다보이는 곳에 마련된 어쩌면 엄마의 마지막 처소. '행복한 집'을 향하는 날 내 발걸음이 가볍기를 희망해 본다.

설날 의미 찾기

설날은 묵은해를 보내고 새해 첫 아침을 맞는 명절로 우리나라 최대의 명절이다. 새로운 기분과 기대를 가지고 웃어른들을 찾아뵙고 인사하며 덕담을 나누는 풍습이 어찌 아름답지 않을 수 있을까. 설날이 되면 멀리 있는 친척들이 모두 한자리에 모이고 장롱 속 한복을 꺼내 입고 아이들은 복주머니를 달아 즐거이 절을 하고 덕담과 세뱃돈을 받는 재미가 쏠쏠했었다. 평소에 먹기 힘든 기름지고 맛난 음식들에 행복했었고 모두가 함께여서 더 아름다웠던 기억들이 지금 곱씹어도 어제와 같으니 참 아름다운 추억이다.

'설'이라는 말의 유래는 정확하게 밝혀지지 않고 있다. '설다', '낯설다'의 의미로 새로움 익숙하지 않다는 의미에서 생겼다는 견해와 한 해를 새로 세운다는 뜻의 '서다'

에서 생겼을 것이라는 견해가 있다. 마지막으로 설이라는 말이 17세기 문헌에 '나이', '해'를 뜻하는 말로 쓰인 것으로 보아 '나이를 하나 더 먹는 날'의 의미를 가진 것으로 보는 견해가 있으니 새로운 해와 나이를 맞는 날을 기념하기 위해 이름 붙인 것만은 분명하다.

설에 관련한 옛 기록은 삼국시대부터 찾아볼 수 있다. 삼국사기에는 백제에서는 261년에 설맞이 행사를 하였으며, 신라에서는 651년 정월 초하룻날에 왕이 조원전(朝元殿)에 나와 백관들의 새해 축하를 받았다고 한다. 이때부터 새로운 해를 축하하는 의례가 시작되었다고 한다. 설은 일제 강점기에 양력을 기준으로 삼으면서 강제적으로 쇠지 못하게 한 때도 있었다. 하지만 오랜 전통에 의해 별 실효가 없었다. 이러한 정책은 광복 후에도 그대로 이어져 제도적으로 양력설을 공휴일로 삼았으나 1985년 '민속의 날'이라는 이름으로 정하여 음력설이 공휴일이 되었다가 1989년부터 민속의 날을 '설날'로 개칭하고 사흘의 연휴 기간으로 늘려 양력설과 동등하게 대우하였다. 1991년부터는 신정 휴일을 사흘에서 이틀로, 1999년부터는 하루로 줄임으로써 음력설이 양력설과의 오랜 경쟁에서 우위를 지녀 본격적인 설날로 다시 정착해 오늘에 이르고 있는 것이다.

설날이 돌아오면 집집마다 아녀자들은 켜켜이 쌓아 두었던 놋그릇을 꺼내 닦는 일이 연례행사였다. 당시에는 놋그릇 닦는 세제가 없기 때문에 산 아래 제각에 기왓장을 몰래 가져다 곱게 빻아 채에 쳐서 재와 섞어 놋그릇을 반짝반짝하게 닦아 제사 모실 준비를 했었다. 남정네들은 마을 안팎을 내청소를 하고 쓰레기를 모아 태우곤 했다. 불에 탄 쓰레기들이 타닥거리면서 타는 소리에 모든 잡귀가 놀라서 연기 따라 훨훨 사라진다 하는 이야기가 어렴풋이 기억이 난다.

설날에 지내는 제사를 차례라 하고, 어른들을 찾아뵙는 일을 세배라 하였다. 아이들이 입는 새 옷을 세장이라고 하고, 이날 대접하는 시절 음식을 세찬이라고 하는데, 세찬으로는 떡국을 먹었다. 나는 세찬으로 먹었던 어릴 적 어머니께서 끓여 주신 닭고기를 넣어 담백했던 떡국이 늘 생각난다. 촌닭으로 끓이는 어머니의 떡국은 어찌나 개미[1]가 있는지 고기로 끓인 떡국이 따라 할 수 없는 맛이었다. 닭을 토막 내서 뜨거운 물에 데쳐 기름기와 잡냄새를 제거해 맛을 낸 고소한 국물 맛이 늘 머릿속에 있다.

예부터 임금님 상에 올리는 떡국은 꿩고기로 끓였다고 한다. 꿩이 귀하고 잡기 힘들어 대신 닭으로 끓인 떡국에서 '꿩 대신 닭'이라는 말이 생겨났다고 한다. 얄팍하게 옆으로 모양을 내어 본래보다 더 크게 보이게 어슷하게 썰은 떡국도 옛 조상들의 부족했지만 풍성한 명절을 보내고 싶은 마음에서 비롯된 것이라니 이 작은 것들마다 우리네 이야기가 담기지 않은 것이 없다. 고소하게 끓여진 떡국에 화룡점정으로 기름칠하지 않은 생김을 온근

1) 개미 : 전라도 방언 '감칠맛 난다'

한 불 위에 살짝 닿을 듯 말 듯 구워서 사각사각 소리 날 때 바스라지게 해 국물 위에 솔솔 뿌려 얹으면 그 어울림이 따라올 맛이 없다.

우리 어머니의 비결을 이어받아 나도 설날이면 사돈댁에서 보내 준 촌닭으로 육수를 내어 떡국 끓일 준비를 한다. 떡은 꼭 직접 방앗간에서 뺀 떡으로 준비한다. 밀가루가 섞이지 않아 딱딱해지지 않고 국물 맛도 개운한 비결이 바로 직접 뺀 떡이다. 살짝 구운 김 가루를 얹어 이제는 내가 우리 손주들에게 끓여주고 있는데 맛나다며 잘 먹는 그 모습을 보면 이 아이들도 어른이 되면 할머니의 떡국을 나처럼 기억해줄까 하는 생각에 애틋해진다.

설날에 하던 놀이로는 윷놀이, 널뛰기, 연날리기 등이 있다. 얼마 전에 설날이 다가온다며 손주 녀석이 휘황찬란한 연을 들고 왔다. 어찌나 색감도 화려하고 웬만한 충격에는 끄떡없어 보이게 튼튼하고 크기까지 커다란지 보는 이마다 쳐다보지 않을 수가 없는 연이었다. 이런 것은 어디에서 난 거냐고 물으니 중국에서 주문해서 비행기를 타고 온 녀석이란다. 값도 싸고 크기도 큰데 다른 나라까지도 무료 배송이라고 설명하는 걸 듣자니 이런 것이 격세지감인가 싶었다. 어릴 적에 동생들과 같이 만들어 놀던 창호지 연이 떠오른다. 바쁘신 아버지를 졸라 대나무를 얇게 낫으로 잘라주시면 잘 엮어서 남매들이 협동해서 귀퉁이는 밥풀로 붙이고 긴 꼬리를 달아서 오밀조밀 만들었었다. 하루 종일 논두렁을 뛰어다니며 날리던 그 가오리연이 연의 전부인 줄 알았는데 요즘 아이들은 미세먼지로 밖에 나갈 때는 마스크를 필수로 하고 외국에서 온 화려한 연을 날리고 있다. 이마저도 도시에서는 탁 트인 공간이 많지 않아서 멀리 나가지 않으면 날릴 수도 없다고 투정을 부리는 아이를 보니 좀 안타까워진다.

아이들과 함께 문방구에 들렀다. 이것저것 마땅한 놀잇감을 둘러보다가 아이들이 좋아할 윷놀이가 보여 구입했다. 아이들에게는 난생처음 접해보는 옛 놀이인 윷놀이 방법을 알려주고 덕분에 온 가족이 둘러앉아 시간 가는 줄을 모르고 하하 호호 즐거운 시간을 보냈다. 아직도 모두가 즐겁게 함께할 수 있는 전통놀이가 있다는 것에 감사하는 시간이었다.

고향이 남쪽이랬지

그 누군들 자신의 탯자리에 대한 아련한 애틋함이 없으랴. 비록 지금의 현실은 남루하지만 언젠가 성공하여 금의환향(錦衣還鄕)의 꿈을 꾸지 않는 이는 없을 것이다.

들길은 마을에 들자 붉어지고
마을 골목은 들로 내려서자 푸르러졌다
바람은 넘실 천(千) 이랑 만(萬) 이랑
이랑 이랑 햇빛에 갈라지고
보리도 허리통에 부끄럽게 드러났다.
꾀꼬리는 엽태 혼자 날아 볼 줄 모르나니
암컷이라 쫓길 뿐
수놈이라 쫓을 뿐
황금빛 난 길이 어지럴 뿐
얇은 단장하고 아양 가득 차 있는

산봉우리야 오늘 밤 너 어디로 가 버리련?

영랑이 노래한 강진의 「오월」이다.

일찍이 집안의 기대 속에 서울에서 공인회계사로 세무사로 교수를 거처 성공을 하셨지만 끝내 귀거래(歸去來)하시지 못하셨던 친정 작은아버지, 당신은 아득히 멀어진 고향이 그리우실 때마다 지그시 눈을 감고 즐겨 부르시던 트로트 「고향이 남쪽이랬지」를 불러 모든 이의 가슴을 훈훈하게 했다. 유년의 자신이 잠깐 거쳤던 어설픈 농군 시절을 연상케 하는, 그분의 트레이드마크였다.

바야흐로 영랑의 시 속에서 뚝뚝 떨어지는 모란꽃과 백련사의 흐드러진 동백으로 대표되던 내 고향 강진이 변하고 있다. 정(靜)적이던 고향이 이제 동(動)적인 곳으로 탈바꿈하고 있는 것이다. 시대에 걸맞게 변화의 용틀임을 한다고나 할까. 살아 움직이며 꿈틀대고 있다. 누우런 보리밭에서 튀어 오르는 종달새를 연상하면 저절로 입안 가득 퍼지던 구수한 보리 내음! 그 토속적이고 향토적인 맛에 우리의 오감(五感)을 자극하는 감칠맛이 더해졌다고나 할까.

무엇보다 손꼽히는 곳이 가우도(島)다. 어느덧 출렁다리는 강진의 명물이 되었다. 섬을 연결하는 출렁다리에서 붉게 물든 석양을 보면서 산꼭대기의 짚트랙을 타고 내려오는 멋진 스릴감이라니! 그것은 느껴 보지 않은 사람은 도저히 상상이 안 갈 것이다. 도하(渡河)의 스릴감이 아찔하다. 푸른 바닷물이 찰랑대는 물결

위를 가르며 내려오는 맛은 한 번 타고 내려올 때 다르고, 두 번째 탈 때 또 색다른 묘미를 느끼게 되는 감동이 있다.

내 고향 강진의 변신은 그뿐 아니다. 이미 청자 축제, 명품으로 전국을 넘어 세계적 명성을 떨치고 있지만 강진은 '2017 남도답사 1번지 강진 방문의 해'를 맞아 각종 사업으로 더더욱 변신에 박차를 가하고 있으니 내년, 그러니까 2017년을 '찾아라, 강진! 신비로운 강진! 두근두근 감성 여행!'이라는 슬로건으로 전국의 관광객을 유치하려는 계획을 세웠다. 몇 년간 투자해서 새로운 관광지가 올해 모두 완공되었다. 가고 싶은 섬 가우도, 마량 놀토 수산시장, 초당림 편백 물놀이장, 세계모란공원, 석문공원의 '사랑+구름다리', 강진만 생태공원, 강진만 갈대숲, 강진 하멜촌 등등의 셀 수 없을 정도로 각각의 매력을 풍기는 명소들이 탄생되었다. 또한 무명가수들의 음반 취입을 지원해서 가수 활동의 길을 열어주는 오감통 음악 창작소가 있어 다양한 문화 체험이 가능하기에 내 고향 강진은 전국에서 손꼽히는 최고의 관광 명소가 되어 손님을 맞을 준비가 완벽하게 갖추어져 있다.

타지의 어느 좌석에선가. 내 고향이 강진이라고 했더니 누군가의 입에서 "오호! 토하젓!" 하는 탄성이 터져 나왔다. 맛 하면 남도요, 그중에서도 강진의 전통음식은 최고의 수준이다. 산과 바다 그리고 드넓은 들판을 차지한 지리적 특성으로 산해진미(山海珍味)를 고루 다 맛볼 수 있는 남도다. 그중에서도 강진의 한정식 맛은 으뜸이다. 상다리 휘어지게 나오는 한정식은 그 차림새

만으로도 식객의 눈과 입맛을 사로잡기에 충분하다. 강진의 유명한 오감통 거리에 예향 한정식과 다강 한성식, 터미널 부근 해태식당, 명동식당 등등, 강진을 방문한 손님들은 그곳에서 강진의 한정식을 먹어야 제대로 한 끼 식사를 했다고 친단다. 조선시대 궁궐의 수라간 상궁이 강진으로 낙향하면서 한정식 문화가 자리잡았던 만큼 그 역사와 맛의 깊이에서부터 남다를 수밖에다.

한국의 나폴리라 불리는 마량놀토수산시장에서는 매주 토요일마다 음악회가 열리고 있다. 맛과 멋을 함께 겸비한 그곳에서는 즐기면서 '3최 3무'를 만날 수 있다. 최고 신선, 최고 품질, 최고 저렴의 3최와 수입산 없음, 비브리오 없음, 바가지요금 없음의 3무가 관광객의 마음을 사로잡고 있으니 멋진 바다를 배경으로 남도 수산물의 맛을 마음껏 즐길 수 있어 월출산과 강진만 덕에 농, 수, 축, 임산물이 다양하게 생산되는 강진은 과히 맛의 본고장이라 해도 과언이 아니다.

전국적으로 극심해진 이촌향도 현상과 출산율 저하로 갈수록 빈집이 늘어 농촌의 공동화 현상이 강해지는 이때, 속속 귀농의 행렬이 이어지는 곳이 바로 강진이다. 그 원동력은 강진의 문화 지향, 그 변신에 있다. 당당히 군(郡) 단위 지역 문화 지수 전국 1위에 빛나는 성과를 이뤘으며 작년에는 전국 치안 서비스 1위를 기록할 만큼 쾌적한 생활환경을 유지하고 있으니 갈수록 어깨 으쓱해지는, 한반도 남쪽에 자리한 내 고향 강진이 어찌 자랑스럽지 않을까.

2

어머니의 기도

너는 담장 너머로 뻗은 나뭇가지에 푸른 열매처럼 하나님의 귀한 축복이 삶에 가득히 넘쳐 날거야

긍정이 만드는 삶

인간의 삶에 영향을 미치는 것들 중 제일 중요한 것이 바로 말, 즉 언어일 것이다. 말은 자신의 생각을 표현하는 것이니 생각과 동일하다고 볼 수 있다. 언어와 관련한 강의를 들으며 내가 가장 기억에 오래 남는 단어가 바로 '언령(言靈)'이다. 우리가 내뱉는 말에는 얼과 혼이 들어 있어서 좋은 말을 하면 좋은 일이 일어나고 나쁜 말을 하면 나쁜 일이 일어나니 늘 그 언행에 조심을 기하고 긍정의 언어를 생활화하라는 이야기였다. 평소에 무의식적으로 자주하는 나쁜 말과 좋은 말들이 청각 기관을 거쳐서 우리의 뇌에 입력이 된다고 하니 '말하는 대로 이루어진다.'는 말은 몹시 과학적인 이야기가 아닐 수 없다.

내가 갓 영근 사과처럼 풋풋한 처녀 적 일이다. 가을의 초입 화창한 날씨 탓이었을까. 어머니 말씀처럼 때아닌

얌전기가 발동하여 이불 홑청을 빨아서 너른 마당의 감나무에 매달린 빨랫줄에 널었다. 마루에 앉아서 고슬고슬 풀 먹은 하얀 홑청이 바람에 한들거리는 춤사위를 감상하며, 잘 다듬어진 베갯잇을 꿰매던 굵은 무명 실꾸리와 고운 색실 가득 담긴 바늘 상자를 곁에 두고 한가로이 꿰매고 있었다. 바로 그때 스님이 시주를 받으러 집 마당으로 들어오셨나 보다. 바느질 하는 내 모습을 요리조리 살펴보더니 "참말로 정갈스럽고 매시롭고 매시롭네! 어쩌면 저리도 고울꼬!" 하시면서 나이는 몇 살이고? 생일은 언제인가? 이것저것 속속들이 내게 캐물으셨다.

"어허! 이 처자 사주가 참말로 좋네."

당신께서 찬찬히 더듬어 본 내 사주가 아주 좋단다. 바위 꼭대기 올려놔도 잘 살 수 있는 사주라고 하시면서 극진한 칭송의 말을 남기고 가셨다. 빈말일지언정 그 이야기를 들으니 하던 바느질이 더욱 신이 났다. 소슬바람에 산들거리며 잘 마른 홑청에서 풍기는 햇 빨래의 냄새가 그렇게 상큼할 수가 없었다. 무더운 여름은 물러가고 유난히 푸르른 하늘. 그 해맑은 가을의 초입에 빨래는 바람결에 바짝바짝 마르고, 빨강 고추잠자리 몇 마리가 맴돌다 가끔씩 하얀 홑청에 내려앉는 모습이 고운 십자수를 놓은 것처럼 선명하여 더없이 정겹고 기분 좋은 하루였다.

요 며칠 하늘이 마치 그날인 듯 맑고 푸르기 그지없어서인가. 스님이 그토록 칭찬해 마지않던 그 날의 내 바느질과 새하얀 홑청, 새빨간 고추잠자리가 어우러져 금세 수놓아지던 그 가을의 십자수가 문득문득 생각난다. 그런데 스님은 아셨을까. 내가 얼마나 손재주가 없는 처녀였는지. 다른 친구들은 언니들이 가르쳐 주는 수를 잘도 놓는데 나는 영 아니었다는 사실을 말이다. 변변한 옷장이 없던 시절 아랫목에 횃댓보를 만들어 치고 옷가지들에 파리똥이나 먼지가 앉지 않도록 가리개용으로 썼다. 그 시절 혼기를 앞둔 처녀라면 너나없이 멋지게 십자수로 그림을 연출하던, 명실상부 혼수 1호가 횃댓보였다.

어머니께서는 내 혼기가 되니 걱정스러워서 동네 분들과 어울려 사주쟁이에게 딸의 사주를 보러 가셨나 보다. 남동생을 데리고 갔었는데 동생 왈 "누님은 잘하면 시집을 잘 가서 호강하고 잘 살 것이나 그렇지 않으면 무지하게 고생을 할 것이다."며 사주쟁이가 말해 준 내 사주풀이를 전했다. 그 이야기를 듣자 살짝 걱정이 되기는 했지만 나는 코웃음을 쳤다. 그럼 일찍이 그 스님이 했던 이야기가 엉터리란 말인가! 나를 두고 서로 상반된 사주를 풀이한 두 사람의 진위가 은근히 고민이 되었지만 자타가 공인하는 긍정의 아이콘인 나는 이왕이면 좋은 쪽을 믿기로 했다.

어느 어머니가 말썽꾸러기 아이에게 자주 매질을 했다. 그날도 마찬가지로 아이를 마구 때리고 있는데 지나가던 스님이 갑자기 울고 있는 아이에게 다가오더니 다짜고짜 넙죽 큰절을 했다. 뜻밖의 사태에 놀란 어머니에게 스님은 귓속말을 했다.

"이 아이는 장래 모두에게 칭송 받는 훌륭한 정승이 될 인재입니다. 그러니 절대로 함부로 대하시지 말고 정성을 다해 모십시오."

물론 스님의 당부대로 어머니는 그날 이후 비록 자식이지만 공손한 태도로 받들어 모셨다. 아닌 게 아니라 스님의 예언처럼 예의범절이 준수하고 학문이 뛰어나 나라에 큰 인물로 성장한 정승이 되었다. 어머니는 자식의 장래를 꿰뚫어 본 너무도 용한 스님을 찾아 답례 인사를 하고 싶었다. 여기저기 수소문 끝에 어느 깊숙한 곳의 절을 찾았다. 그리고 스님을 향해 답례의 머리를 숙였지만 너무도 긴 세월이 흐르기도 했고 무엇보다 평범한 시골 아낙에서 품위 있는 양반가 안주인으로 변한 정승의 어머니를 제대로 알아보지도 못했다. "여차저차, 저차여차…." 정승 어머니의 긴 설명을 들은 스님은 마침내 빙그레 웃으며 "엄중한 천기를 저 같은 땡중이 어찌 알았겠습니까? 그저 어머니의 가혹한 매에서 어린 소년을 구해 주고 싶었을 뿐입니다." 하더란다.

청명한 가을 하늘 하얀 홑청과 선명한 빛깔의 고추잠자리 그리고 다소곳이 놓인 바느질 쌈지와 베갯잇을 꿰매는 어린 처녀아이가 수놓는 빼어난 풍광의 십자수, 그 아리따운 정경에 누구라도 그런 덕담을 내리지 않을 수 없었으리라. 하지만 내게도 스님의 사주가 맞았는지 아이러니하다. 힘들고 어려운 일도 많았지만 어진 남편 만나 아들, 딸 낳고 알뜰히 살아가고 있으니 그보다 더 큰 복록이 있을까. 또 벌거숭이 빈손으로 시작해 남들로부터 자수성가했다는 소리를 가끔은 들을 만큼의 사업체도 꾸려가고 있으니 사주팔자가 그런대로 괜찮지 않은가. 아니, 그보다 더 큰 복은 내가 오래도록 꿈꾸었던 문학의 길을 찾는 등불을 놓지 않고 꾸준히 가고 있는 바로 이것이 내게는 넘치는 복이며 행복이니 말이다.

푸르른 청춘 강진

2016년 병신년 희망찬 새해가 밝았다. 재주 많고 영민하다는 올해의 상징 원숭이처럼 새해에는 어느 해보다 정치 경제 사회 문화 모든 부분이 성장하고 변화되었으면 좋겠다.

언제나 그렇듯 새해의 해맞이 행사를 시작으로 한 해의 벽두를 연다. 나는 내 지역구이고 고향인 칠량면의 장계리 '백산봉황대'에서 열리는 칠량면민 소원성취 해맞이 행사에 참여했다. 지역발전협의회 주관으로 행사는 준비되었다. 미명(微明)의 어둠을 헤치고 가파른 산등성이까지 올라가는데 구강포 호암봉 부용산자락을 안고 봉황제에 오르니 산 아래 펼쳐진 전경은 그야말로 한 폭의 그림이다. 어느덧 행사의 출발을 알리는 기원제가 진행되었다.

"금능 팔경 속 보배로운 곳으로 사계절 맑은 날 일출

일몰을 많이 보게 하소서. 시화연풍하게 하소서"

이런 축문을 낭독하고 면장님과 지역 대표들의 소원과 기원을 드리는 순서에 지역발전협의회 회장을 선두로 면장님, 이하 지역 사회단체장 뜻있는 분들의 재배가 이어졌다. 이어 기다렸다는 듯 저 동쪽 하늘이 빨갛게 물들어 오르기 시작했다. 이내 병신년 새해 첫 붉은 태양이 얼굴을 내미는 순간 너나없이 탄성을 질렀다.

우렁찬 징 소리에 이어 준비된 오색 풍선을 저 하늘 높이 날렸다. 장엄한 우주의 신비함! 너나없이 가슴마다 일렁이는 저마다의 소원을 비는 아름다운 순간, 젊고 푸른 강진의 기상이 느껴졌다.

새해 벽두에 드리는 행사는 누구라고 할 것 없이 엄숙하게 진행되었다. 행사가 끝나고 떡국 잔치가 열렸다. 따뜻한 떡국을 나누며 새해의 덕담을 나누는 모습이 참으로 정겹기 짝이 없었다. 막걸리에 소주도 한 잔씩 하면서 새해를 설계하는 모습들이 너무도 보기 좋았다.

지난 한 해를 돌아보니 강진엔 많은 일이 있었다. 4대 핵심 프로젝트를 성공리에 추진해내는 성과를 냈었고 무엇보다 우리의 바람대로 강진에 교통연수원을 완성했다. 공무원교육원을 유치시키는 쾌거를 일궈냈다. 2016년으로 이어지는 새해의 프로젝트는 강진읍 음악 도시 만들기, 강진의 명소로 으뜸이 될 강진만 춤추는 갈대 축제 석문공원의 구름다리, 가보고 싶은 섬 가우도, 음악이 흐르는 강진 오감통 음악 창작소 등등 이 모든 시설과 꿈이 우리의 계획대로 완성되면 강진은 희망과 낭만이 춤추는 명실상부한 관광 명소가 될 것이다.

아울러 귀농, 귀촌 인구가 나날이 증가하는 추세이니 강진으로의 인구 유입은 농촌 활력의 창출원으로 새로이 생동하는 강진, 그 변화의 물결이 출렁이는 느낌이 가슴속에 스민다.

너나없이 모두가 솔선수범하여 일하는 자세, 기쁨과 행운을 나누어 가지려는 겸손의 모습, 누가 시키지 않아도 자발적인 봉사의 정신, 살아있는 생동감, 젊음은 해마다 보태지는 세월의 두께로 가늠되는 것이 아니다. 뜨거운 열정과 역경에도 굴하지 않는 패기가 젊음의 척도 아닌가. 병신년 새해에는 날로 푸르른 청춘인 우리 강진에 좋은 일이 넘쳐 나는 희망찬 한 해가 되기를 간절히 기원해 본다.

허브정원에서

사람이 칠십 수명을 이루기가 어렵다는, 인생 칠십 고래희(人生七十古來稀)라는 옛말은 요즘 같은 백세 시대엔 어울리지 않지요. 어느덧 내 짝인 당신이 그 고희에 이르렀네요!

돌이켜보면 그동안 당신과 함께 웃고 행복하기만 한 나날은 아니었습니다. 슬하에 아들, 딸 두고 아이들 뒷바라지에 정신이 없었고 근래엔 손주들 재롱에 우리는 잠시 웃을 수 있었던 시간들이 있었습니다. 하지만 인생 여정이 이런 기쁜 날만의 연속은 아니었지요. 인생살이 누구나 그렇듯 우리 역시 뜻밖에 몰아닥친 세파의 호된 회오리 속에 휩싸이는 순간도 있었습니다. 그럴 때마다 우리는 의기투합하여 용케 그 파도를 헤쳐 나갈 수 있었지만요.

이제는 아득히 멀어진 젊은 날, 세월이란 거울 앞에서 문득 몰려오는 아쉬움에 찬찬히 지난 삶을 돌아봅니다. 귀밑머리 희끗한 거울 속의 내 모습을 바라보면 당신의 얼굴이 겹쳐 보입니다. 제 가슴속 깊은 곳을 헤집어 살피노라면 동고동락, 저와 마음을 함께했던 당신의 삶의 갈피가 환하게 보입니다. 누구보다 깊고 속 너른 당신, 헤아려 보면 때론 높은 산처럼 든든한가 하면 과묵하기만 하여 되돌아오지 않는 메아리 같았던 당신의 성품, 나약한 나를 따뜻하게 감싸주는 반려자였습니다.

'아무리 아름다운 꽃도 홀로 필 수 없고

아무리 큰 나무도 저 홀로 설 수 없습니다.'

어느 날 적힌 제 수첩 속 메모를 시구처럼 소리 내어 읊조려봅니다. 서로가 고왔던 시절, 유달리 쪼끄만 색시를 만나 장가들던 젊은 신랑의 꿈, 그것은 꽃이 피기 전 봄 동산의 꿈이 아니었을까요? 고왔던 그 색시의 봄 동산에서 만개하던 복숭아 빛 설렘을 당신 역시 아셨을까요?

언제부터 제가 당신을 두용이 아빠라고 부르고 당신 역시 나의 이름 대신 현정이 엄마, 재명이 엄마라고 호칭하며 부르고 있었습니다. 그 세월이 이제 반백 년 문턱에 다다랐습니다. 우리가 서로에게 같을 '여(如)' 자, 보배 '보(寶)' 자를 부르지 못할 까닭이 따로 있었던가요. 주변 모두 부부 사이에 '여보'라고 부르면서 잘도 살아가지만 저와 당신은 한 번도 그 소리를 못했습니다. 남들이 쉽게들 하는 그 부름 씨를 단 한 번도 입 밖에 내지도 못한 못난이들로 우리 둘은 살았습니다. 목숨보다 소중한 이에게도 끝까지 아끼는 그 무엇, 어쩌면 우리는 서로에게 씌워질 빛나는 왕관을 여전히 광택 내고 있는 중이 아니었을까요. 사모관대와 족두리를 쓰고 마주하던 날부터 잔뜩 벼르고만 있는, 상대를 향한 해 묵은 부끄러움과 정체 모를 쑥스러움이 아직도 우리를 붙잡고 있는 걸까요?

이제 정성 들여 가꾼 정원처럼 미숙하지만 아름다운 우리 가족입니다. 서로를 살뜰히 귀히 여기며 아이들에게도 본보기가 되는 가정을 꿈꾸던 우리가 마침내 그 꿈을 향해 더없이 노력하며 걸어가는 여정입니다. 행여 비가 온들 겁날까요. 비에 젖으면 생기로 더욱 고운 얼굴의 꽃잎처럼, 또 바람이 불면 바람에 잠시 흔들리지만 뿌리는 더욱 굳건해지는 아름드리나무처럼 우리의 미래도 흔들림이 없을 겁니다. 일찍이 알맞은 선남선녀를 택해 그들에게 부부의 끈을 맺어준다는 저 월하빙인(月下氷人), 그 노인의 손길은 그 어느 커플에서보다 신통하고 절묘해서 우리는 서로에게 천생연분의 운명이요, 이제 검은 머리 파뿌리 되는 세월을 숙명이요, 섭리라 여기며 희로애락을 함께 나누었습니다.

우리는 어느덧 할머니 할아버지가 되었습니다. 늙었다기보다는 드디어 완숙기에 접어든 우리라고 자랑스레 말하렵니다. 우리를 대신해 나날이 만개한 꽃처럼 화사해지는 우리 아이들의 나날이 화사하게 꽃 피울 날을 기대하며, 이제 고희를 맞는 당신의 눈앞에 잠시 걸음 멈추어 쉬어 가라는 정원의 자리가 보이지 않나요.

아이들이 뜻을 모아 벌인 오늘의 이 잔치를 마음껏 즐깁시다. 아니요. 이후의 생은 언제나 조촐한 잔치처럼 재미난 소풍처럼 즐기며 살아갑시다.

"나는 이제부터 내 삶을 즐기겠다."

영국의 모 수상의 은퇴의 변을 당신께도 권합니다. 모두가 말리는데도 기꺼이 자리를 내놓으며 그동안 미뤄왔던 자신의 애견과 산보를 즐기겠다는 아름다운 계획을 말입니다. 할 수만 있다면 당신도 그동안 지고 있던 가장이라는 무거운 굴레를 이제 그만 벗어 놓으십시오. 우리 가족 모두 합심하여 당신이 더 편안히 쉴 수 있게 만들어 드리겠습니다. 우리 가정을 사랑했고 일을 사랑했고 하중 큰 책임감마저 묵묵히 완수해 낸 당신은 충분히 누릴 권리가 있습니다. 그 옛날 싱그럽게 단장하고 서로에게 충실하자 맹세했던 지난날을 아름다이 회억해가면서 자식 손자들에게 귀감이 되는 부모가 되어 다시 새로운 인생을 살아가는 것입니다. 지금까지 살아오는 동안 당신을 위해 아내의 길, 어머니의 길, 며느리의 길, 더 완벽히 못했음만이 송구합니다. 남은 시간 우리 가정을 위해 당신을 위해 더욱 노력하겠습니다. 두용 아빠, 당신 고맙습니다. 그리고 너무도 감사합니다.

울음바다가 되던 날

날씨가 갑자기 추워졌다. 올겨울엔 춥지 않을 거라는 기상예보는 어긋난 듯 예년보다 일찍 다가온 한파에 거리엔 인파가 드물다. 모두들 소곤거리며 나누는 인사가 김장 이야기뿐이다.

겨울 양식인 김장을 몇 포기하느냐는 물음에 아직 김장이라는 큰 겨울 행사를 엄두도 못 내고 있는 나로선 머리가 무겁다.

스산한 겨울바람 속에 문득 스치는 아버지 얼굴! 으스스 한기가 돋는 이맘때가 되면 유독 아버지 생각이 간절하다. 당신 손수 그 많은 농사를 지어 도회지에 사는 적지 않은 동생들과 자식들에게 빠짐없이 보내주시던 아버지의 연례행사. 그것이 그리운 것일까. 당신이 땀의 결실이 잘 도착했는지 일일이 확인하시던 그날 아버지의 당당한 음성이 간절하다.

어느덧 아버지의 나이가 된 내게 같은 연배의 모습으로 찾아 오신 아버지는 변함없이 호탕하신 모습으로만 남아 있다. 누구보다 건장하셨던 아버지께서는 소주 한 잔을 마셔도 작은 잔은 사양하셨다. 그까짓 종발엔 양도 차지 않다고 하시며 커다란 맥주잔이 가득 차도록 독한 소주를 따르셨다. 그렇게 연거푸 두 잔을 마셔야만 성에 차시던 아버지! 나는 내 앞에 앉으신 아버지께 마음속에 그 술잔을 올려본다.

새로 부임하신 우리 교회 목사님께선 다양한 프로그램을 많이 적용하고 계신다. 오늘 오후 예배 시간엔 파트별로 나와서 자신의 감사한 일에 관해서 소통하는 자리를 마련하셨다. 내 차례가 되었다. 나도 나의 감사한 일들을 이야기해 본다.

"과분하게도 제게 맡겨진 일인 삼역의 막중한 임무에도 제가 이토록 건강한 것은 힘이 장사였던 아버지 덕분입니다. 첫째 감사 목록은 돌아가신 선친께 강건한 체질을 온전히 부여받은 은혜입니다.

둘째 감사는 어머니께서 망(望) 희수(稀壽) 가까운 나이에 이르도록 흰 머리카락이 없는 두발의 유전자를 물려주셨고, 유년 시절 호롱불 아래 이야기책을 곡조 내며 읽으시던 어머니의 책 읽는 모습을 보고 성장하여 무형의 자산이 되어 제가 글을 쓸 수 있는 문학성을 물려받은 것도 다 우리 어머니 덕분입니다. 그러니 제가 부여받은 이 머리의 안과 밖 모두 어머니께 고스란히 물려받았다고 할 수 있습니다. 셋째, 아버지께 건강한 치아를 물려받은 것도 큰 감사함입니다. 철없던 시절 가족끼리 밥상에 둘러앉아 식사를 할 때면 저는 김치를 씹는 소리가 유난히 크고 아삭거려서 부끄러워서 조용히 오물거렸던 기억이 새롭기만 합니다. 이 외에도 돌이켜 보면 부모님 은덕 아닌 게 어디 있겠습니까? 어쨌든 날이 갈수록 새록새록 고마운 것이 부모님 은혜입니다."

나는 이런 발표를 하면서도 자꾸 터져 나오려는 속울음을 삼켰다.

설령 아버님 당신이 취해 비틀거리실지라도 넘치도록 술 한 번 대접해 드릴 것을, 그래서 노곤한 농사일에서 잠시 손 놓으시고 편안히 쉬시게 해드릴 것을, 살아 계시는 동안 효도할 걸, 그리고 좋아하시던 소주도 더 많이 사다 드릴 걸, 불효막심한 자들은 부모님 돌아가신 후엔 후회의 '~걸'을 반복하게 된다는 말을 이제야 실감하게 된다. 아버지 장례식 날, 속없는 이 딸들은 올케가 유난히 슬피 우는 모습을 보고 웃었다. 또 유난히 정이 깊던 고모의 우는 모습을 보고도 흉내 내며 웃었다. 그런 철없는 우리를 보면서 오빠는 꾸짖으셨다. 아버지 장례식 날이 무어 그리 좋아서 웃느냐고.

부지런한 농군, 내 아버지께서는 언제나 들판의 논 아니면 옆마당에서 소여물을 써시며 계실 줄 알았다. 그런 착각의 날들이 가고 아버지 부재를 현실로 실감하는 날이 왔다. 아버지 첫 제삿날이었다. 추모 예배를 드리는데 정말로 눈물이 쏟아졌다. 눈물이 앞을 가려 성경 구절도 찬송가 가사도 보이지 않았다. 새록새록, 굽이굽이, 아버지와 얽힌 일화들이 주마등처럼 스쳐 마침내 통곡이 되었다. 온 식구의 눈물로 울음바다가 되었던 날이었다.

내가 공모전에서 '아버지의 추억'이란 주제의 글로 장관상을 받았던 작품을 읽고 아버지를 회상하는 뜻깊은 날이었다.

큰딸인 내가 결혼한 지 1년도 안 되어 세 들어 살던 집이 팔려서 오갈 때가 없었다. 그런데 소식을 듣고 한걸음에 달려오신 아버지. 어렵사리 구한 다 쓰러져 가는 오막살이집을 큰오빠와 함께 손수 기둥을 세우셨다. 그리고 갈고 닦아 번듯한 집을 만들어 주셨다. 흙과 시멘트를 짓이겨 뚫어진 구멍을 메우고 쌓고 단장해 다듬어 가던 중 서까래의 그을음이 눈에 들어오셨던가!

비눗물을 묻혀 가며 닦고 또 닦아 산뜻하게 페인트칠까지 해서 한 달포 만에 우리가 거처할 새집을 만들어 주신 아버지, 그 사랑! 도배를 마치고 이사하던 날의 감격스러움이라니, 그날 이 딸보다 기뻐하셨던 아버지! 이 세상 어느 누구의 저택보다도 소중하고 귀한 오두막집이 나의 훌륭한 누각이요, 이 세상에서 제일가는 나의 안식처가 되었던 둥지였노라고 이제야 고백하는 못난 딸이다.

두서없는 이런 글을 쓰는 이 순간 뜨거운 김이 내 코끝을 자극한다. 컴퓨터 자판도 흔들린다. 이 세상 누구보다 정 많으시고 자식들에게 따뜻하셨던 아버지! 고맙습니다. 사랑합니다. 아버지 당신께 단 한 번도 드리지 못한 이런 표현도 후회의 아픈 비수가 되어 가슴을 후빈다. 늦었지만 지금이라도 큰 소리로 들려 드리고 싶은 단어, 우리 시대에는 입에도 못 올렸던 말.

"아버지 사랑합니다."

이 말을 몇 번이고 되뇌어 본다.

어머니의 기도

오늘 장로 피택 선거일이다. 새벽기도를 마치고 돌아오는 길, 머릿속에 야곱의 축복 성가가 떠오른다.

"너는 담장 너머로 뻗은 나뭇가지에 푸른 열매처럼
하나님의 귀한 축복이 삶에 가득히 넘쳐 날거야
너는 어떤 시련이 와도 능히 이겨낼 강한 팔이 있어
전능하신 하나님께서 너와 언제나 함께하시니
너는 하나님의 사랑 아름다운 하나님의 사랑
나는 널 위해 기도하며 네 길을 축복할 거야
너는 하나님의 선물 사랑스런 하나님의 열매
주의 품에 꽃피운 나무가 되어줘"

장로 피택을 앞둔 착잡한 마음이 든다. 내 삶을 검열대에 두고 검증받는 시간, 장로라는 중책을 맡은 선택의 기로에서 내게 새 사명이 주어지려는지, 오늘만큼은 되도록 정갈한 정신으로 맞고 싶었다.

식사 준비를 하는데 전화벨이 울렸다. 이른 시간의 전화벨 소리는 항상 내 가슴을 철렁! 하고 내려앉게 한다. 요양원에 계시는 어머니께 밤새 무슨 일 있으신가 싶어서다.

"아야! 주보를 보니 뭣이 이렇게 시끄럽게 나왔다냐. 그랑께 먼 소리 다냐?" 쇠약해져만 가는 당신 생의 끝자락에도 교회 주보 광고란을 유심히 살펴보시는 어머니다. 그 몇 자 소식으로나마 그리운 교우들의 소식을 접하시며 교회라는 큰 송이에 달린 포도 한 알의 소명을 다 하시려 노력하시는 것이다. 마지막 순간까지 신앙의 끈을 놓지 않으시는 어머니는 침상 생활을 하시면서도 당신의 손끝에선 성경책이 떠나지 않으셨다. 노인 특유의 늘어진, 비록 곡조도 부정확하지만 어머니의 입술에서는 흥얼흥얼 찬송가가 끊이질 않는다. 틈만 나면 CBS방송 기독교채널에 시선을 고정하시며 기도에 기도로 말썽꾸러기 아들을 당당한 간부급 만들어 주신 내 어머니.

그런 어머니를 뵈러 가는 날이면 내 가슴은 축축하게 젖는다. 알 까고 죽은 낙지는 살이 썩어도 냄새가 나지 않는다던가. 알 보듬느라 먹지도 않아 살은 사라지고 헛 껍질만 남은 까닭이란다. 마찬가지로 당신의 마른 손을 잡아드리는 순간, 금방이라도 부스스 스러져 버릴 것만 같은 앙상한 내 어머니.

그러나 어머니에게선 놀랍게도 어릴 적 맡던 '엄마 냄새'가 난다. 어쩐지 애잔하고 서러운 그 향에는 거룩하고 장한 기운이 섞여있다. 긴 세월 병고에 시달린 내 엄마의 삶은 너무도 서글프기 짝이 없다. 낡아 허물어져 가는 집 같은 어머니의 어디에 그런 강인한 기운이 깃들어 있을까. 그 엄마의 사랑은 일상에 지친 내게 생의 씩씩한 기운이 솟아오르게 한다. 오그라질 대로 오그라진 몸피 중 가장 경건한 건 바로 자식들을 위해 끌어 잡은 두 손이리라. 이 부족한 딸을 위해서 기나긴 세월 당신께선 눈물 아끼지 않고 손 닳도록 쉼 없는 기도를 하셨겠지. 세상에 어미라는 이름을 지닌 모든 생명체는 다 같은 거라지만 나는 내 어머니 당신을 감히 흉내낼 수도 없다 .

이번 주에도 주보의 광고란을 꼼꼼히 살피셨겠지. 그곳에 적힌 내용에 눈치 빠른 노인네 심상치 않으셨나, 선생님들 시켜 다시 한번 읽어 달라 하시더란다.

“어르신, 명희 권사님 이번에 장로 되면 한턱 크게 내시오 잉.” 하자 말 끝나기 무섭게 이리 대답하셨단다.

“암 그라제, 그라고 말고!”

주름투성이 얼굴에 환한 미소가 가득하시더라나. 내 어머니의 주름살이야말로 세월이 완성한 세상에 둘도 없는 최상의 걸작이 아닌가. 드디어 고대하던 일요일 투표가 끝나고 궁금증을 참지 못하시는 어머니께 요양사 선생님이 딸이 장로로 피택되었다고 알려드렸단다. 무작정 기뻐하실 줄 알았더니 웬걸 “우리 사우기 되야 한다.” 하시더란다. 우리 어머니, 묵묵히 곁을 지키며 당신

딸을 위해 누구보다 공을 세운 이는 당신의 사위라는 걸 지혜로운 어머니는 진즉에 알고 계셨다. 그러나 나는 내 내 어머니가 나를 위해 바치신 숱한 눈물의 기도, 그 공로를 더 우위에 두고 싶다. “꽃은 봉오리째로 바쳐져도 헛된 희생이 아니다.”라고 아이잭 워츠가 말했다. 하필 오늘 왜 이 문구가 새로이 다가오는 걸까.

“어머니 감사합니다. 이 모두 어머니 당신 덕분입니다.”

“지혜로운 어머니 그 사랑에 뜨거운 눈물이 흐릅니다.”

나는 오늘 주님 앞에 새로운 다짐으로 성실히 성도의 길을 걷기를 다짐해 본다. 아울러 어머니 당신의 주름투성이 손에 마음속 깊은 감사를 모아 한 다발의 꽃을 엮어 내 어머니께 바친다.

『모란촌』

아버지와 김대중 대통령

어젯밤 꿈속에서다. 뜻밖에도 내가 김대중 대통령과 이희호 여사, 그 두 분을 만났다. 꿈속의 시간은 이른 아침, 침상에서 일어날 시각이 되었던가 보다. 내가 방 한쪽에서 이불을 개면서 보니 시중을 드는 비서인 듯한 분이 들어오셨다. 아무리 꿈이라지만 대통령 내외분과 한방을 쓰는 영광을 누리게 되다니! 한쪽을 보니 청색에 단아한 무늬가 그려진 침구에서 이희호 여사가 반듯이 누워 계신 반면 어인 까닭일까. 김대중 대통령께서는 베개가 약간 비뚤어져 편하지 못한 자세처럼 보였다.

방 아래 창문 밖으론 넓은 냇가에 냇물이 흐르는 곳에 빨래하는 사람들이 줄줄이 모여 평화롭고 정겨운 모습이 내려다보였다. 깨끗한 물이 하얀 포말을 이루며 흐르는데 한 폭의 산수화를 펼쳐놓은 듯 싱그러운 풍경이 펼쳐져 있었다. 습기를 머금은 나무와 산이 촉촉하게 젖어 초봄의 경지를 느끼게 하는 너무도 한가롭고 평온한 정경이 눈에 들어왔다. 우측으로 고개를 돌리니 호수에서 수중 발레를 하는 소녀들이 「백조의 왈츠」라는 곡에 맞추어 발레를 하고 있었으니 경쾌하고 감미로운 음향까지 어우러진, 평생에 한 번 만날까 싶은 너무도 좋은 꿈이 아닌가.

퍼뜩 눈을 뜨고 꿈을 깨는 순간 아쉬움이 몰려왔다. 하지만 길몽의 뒤가 언제나 그렇듯 오늘은 진정 내게 무슨 좋은 일이 있을 것 같은 예감에 설레었다. 그래, 꿈이 주는 암시대로 무언가 모를 행운이 나를 기다리고 있을 것 같았다. 차를 타고 사무실로 가는데 주마등처럼 스치는 아버지의 추억! 아버지와 김대중 대통령, 두 분의 인연은 범상치 않다. 하니 꿈으로 비롯된 이 추억의 실타래는 참으로 우연찮은 일일 터다.

지난겨울이었다. 미용실에 갔는데 때마침 TV에서 탈북민 방송이 진행되고 있었다. 내가 아무 생각도 없이 "아이구! 여기 누군가도 저 방송을 좋아하시는가 보네. 나 아는 사람도 저 방송 즐겨 보지만 난 별로던데" 했다. 내 말이 떨어지기 무섭게 한 분이 불쑥 나서며 하는 말.

"내 앞에선 이 방송 말도 마세요. 저 방송 보다가 큰 싸움을 하려다 말았소. 우리 신랑이 '자네 친정아버지는 꼭 김만철이 닮았어' 하니 얼마나 성질이 날거요. 하필 그 잘난 김만철과 울 아버지를 엮으려 하니 화가 치올라서 죽겠더란 말이요."

또 한 사람이 거든다.

"김만철이 어때서요. 김만철은 북한에서 인텔리 급에 속하는 의사 아니요. 그리고 전 가족과 함께 동반하여 내려왔으니 아주 인간적인 사람이라 할 수 있지요."

그 말에 미용실 원장이 나선다.

"그건 아무것도 아니에요. 저희 친정아버지 돌아가셔서 장례식장에서 벌어진 일이네요. 전두환 대통령 둘째 아들 전재용이 훌렁 벗겨진 머리에 검정 와이셔츠까지 차려입고 턱하고 들어오니 식장 안에 있는 사람들이 모두 의아해 눈을 휘둥그렇게 하지 않았겠어요. 게다가 그 사람에게 제가 반갑게 인사하자 모두들 어떻게 된 거냐, 난리 아닌 난리가 났지요."

결국 전재용 쏙 빼닮은 남동생이라고 밝혀 한바탕 소동으로 끝났다는 이야기는 모두의 폭소를 유발했다. 미용실 안을 가득 채운 웃음기가 채 가시기도 전 내가 "그래요, 누군가를 닮으려면 우리 아버지 정도는 되어야지. 제 친정아버지는 자랑스런 김대중 대통령과 너무도 닮으셨답니다." 하면서 우쭐했던 기억이 오늘 문득 새롭게 떠오른 것이다.

김대중 대통령과 비교해도 위 순위에 들 만큼 아버지의 인물은 말 그대로 훤했다. 어느 날이던가. 집안 행사로 일가친척들이 모인 왁자한 자리에서다. 안방 윗목 벽, 한가운데 자리한 액자에 걸린 할머니의 생신 기념사진을 보면서 아버지 형제 3남 5녀 중 작은아버지의 딸이 억울해 죽겠다는 듯 투덜거렸다.

"우리 큰아버지랑 작은아버지는 저렇게 인물이 훤하고 좋게 생겼는디 왜 우리 아부지만 제일 못생겼을까."
그 대답인 양 고모들 중 인물이 제일 떨어지는 자칭 못났다는 고모께서 불쑥 나서시며 "아이고, 내 앞에선 당최 그런 소리 말아라. 이 세상에 뭐가 서럽다, 뭐가 서럽다 투정해 싸도 인물 가난이 젤로 서러워야."

하시면서 눈물까지 글썽거리시는 게 아닌가.

그러고 보니 베개를 삐뚜름하게 베고 누우신 김대중 대통령. 그분은 딸에게 현몽하신 아버지이셨던 건 아닐까. 든든한 응원군인 아버지를 졸지에 잃고 나는 얼마나 허둥거렸던가. 그런데 세월이 약이라고 떠올리는 것만으로도 가슴이 에이던 그리운 아버지, 그런 당신 생각을 하는 날들조차 차츰 드물어졌다. 대신에 천국의 아버지 당신께선 힘에 버거운 일로 매양 종종걸음치는 딸이 안쓰러우셨던가 보다. 순간, 전율처럼 퍼지는 환희다. 그 어떤 행운이라 한들 아버지의 응원보다 소중하고 반가운 게 내게 또 있겠는가.

"걱정마라. 네 능력이라면 별것이라도 할 수 있어, 아믄! 내 진즉에 새 대가리 같은 아들놈들 안 가르치고 대신에 명희 이놈을 가르쳤더라면…." 하시면서 내게 덕담 겸 후회스런 넋두리를 가끔 하시던 아버지의 음성이 귓가에 쟁쟁하게 들려온다.

여연 스님의 학위 수여식 참관기

목포대학교 70주년 기념관에서 여연 스님의 명예문학박사학위 수여식이 있었다. 행사장에 도착하니 플래카드와 꽃들로 장식된 식장은 강진 차인회 회원들의 차 자리가 이미 준비되어 있었다.

다산(茶山)의 유배지인 만덕산에는 차(茶)나무와 팔경사암(俟菴) 미래의 새로운 세대를 기다리며 생활하셨던 다산초당과 도암의 만덕산 자락에 자리한 백련사 절 주위에 천연기념물 제151호로 지정된 백련사의 동백림과 정약용의 다산초당이 있다. 시선을 돌리면 강진만이 햇빛에 투영되어 은빛 절경이 펼쳐진다.

그 풍경을 바라보노라면 산해(山海) 산처럼 높고 바다처럼 깊게 어느 불가 책에서 보았던 구절이 생각난다. 불문(佛門)과 차의 인연이 그만큼 깊다. 사람이 올라앉아도 될 만큼 크고 튼실한 남 미륵사 연잎, 메인 뉴스의 한 꼭지에 오른 그 연잎에, 문득 마시는 순간 일렁이던 마음을 차분히 가라앉히던 연잎 차의 담백한 향이 가슴 가득 피어오르지 않았던가. 그만큼 여연 스님의 명예학위 수여식장에서의 감회가 새롭다. 귀띔으로 들은 다담선의 경지를 꿈꾸며 불가에서 전해지는 다담선(茶湛禪), 그 식의 순서를 더듬어 본다.

첫째는 안식(眼識)이다. 찻잔의 모양과 색, 그리고 찻물의 색을 보는 것.

둘째는 이식(耳識)으로 소리로 듣는 것.

셋째는 비식(鼻識)으로 향기를 맛보는 것.

넷째는 설식(舌識)으로 혀로 맛보는 것.

다섯째는 신식(身識) 또는 촉식(觸識)으로 몸으로 다선의 모든 것을 느끼는 것.

여섯째는 의식(意識)으로 분별하는 것.

일곱째는 말나식(末那識), 사량식(思量識)으로 그 나무 끝가지를 세심히 살피듯 생각하여 차의 맛을 감지하는 것.

마지막 여덟째는 그 깊은 맛이 숨긴 또 다른 맛을 감지하는 경지인 아뢰야식(阿賴耶識), 이숙식(異熟識), 장식(藏識), 종자식(種子識)의 경지를 터득하는 것이다.

여연 스님의 학위 수여식에서 스님의 답례사인 감회의 변(辯) 역시도 차의 얘기가 주를 이룬다. 그 주옥같은 이야기를 옮겨 본다. 하긴 자타가 공인하는 다승(茶僧)이신 여연 스님 아니신가. 스님은 차와 당신의 뿌리 깊은 인연을 이렇게 술회하셨다.

"차(茶)는 저에게 있어서 제3의 즐거움입니다. 그만큼 차의 아름다움에 깊게 매료되었지요. 다들 아시듯이 일찍이 아시아 하이웨이라고 할 수 있는 '실크로드 개척'으로 소금과 차와 비단과 염료가 퍼져 나갔습니다. 그리하여 동서양의 문화문명이 교류와 융합하였지요. 거기에 차가 추구하는 질 높은 정신문화까지 포함되었던 것 같습니다. 제 생에 차가 차지하는 비중은 마치 콜럼버스가 광맥을 캐듯, 또 중국 문명이 실크로드를 통해 비단과 염료와 차와 많은 도자기를 연결했듯이 차는 제 인생의 커다란 인연을 통해 여러분께 색다른 즐거움을 드릴 수 있을 것 같습니다."

이런 서두로 시작된 스님의 말씀은 알맞은 온도의 차를 입에 머금어 마침내 코와 목젖을 훑어 내려가는 매순간마다 감미를 더하는 차 맛처럼 갈수록 청중의 귀를 사로잡는다.

"융합, 융통, 통합이 요구되는 이 시대는 4차원의 혁명시대로 이른바 감성의 시대예요. 감성을 어떻게 우리가 상품화해서 비즈니스로 이용하느냐? 이것이 4차 혁명의 키워드라 생각합니다. 저는 끊임없는 수행을 통해서 이성과 감성이 어떻게 조화롭게 통합할 수 있는가? 이걸 꿈꾸며 살아온 것 같습니다. 그런 점에서 오늘 명예 문학박사를 받는 것은 저로 하여금 미래의 새로운 광맥을 캐서 우리 문화를 어떻게 통합시킬 수 있는가, 열심히 한 귀퉁이에서나마 그것을 개척하고 개발하라고 이 명예스런 박사를 주신 것 같습니다.

우리는 너나없이 문명과 문화가 통합한 감성으로 어떻게 이 세계에 도움을 줄 수 있을까, 골몰히 탐색과 연구를 해 봐야합니다. 뇌를 연구하는 어느 교수의 이야기를 들어보니까 우리 뇌는 감성의 뇌와 이성의 뇌, 이 두 개가 있는데 이성의 뇌는 감성의 뇌가 움직이지 않으면 절대 움직이지 않는다고 합니다. 단 그 감성의 시대에 도덕적이고 윤리적으로 컨트롤하는, 그래서 우리의 보다 높은 가치를 창출하는 제도적 장치가 마련된 이상적인 세계로 나아가야 합니다.

하지만 이 4차 혁명시대에 감성을 어떻게 개발해서 서로 융합하고 사랑하고 함께 더불어 살아갈 것인가? 그래서 저는 감히 미래의 세상, 그 방향을 정의합니다.

Enjoy it : 어떻게 즐길 것인가?
Live it : 어떻게 즐겁게 살 것인가?
love it : 어떻게 사랑하고 살 것인가?

이걸 논제로 해서 우리 다 같이 함께 노력했으면 합니다."

사실 10년 넘도록 수행해도 깨달음을 얻지 못한 스님은 떠날 행장을 꾸렸다 했다. 그런데 그가 산문을 막 나서려 할 때 시봉 스님이 옷소매를 붙들며 마지막으로 차나 한잔 마시고 떠나실 것을 권했다. 별생각 없이 시봉 스님이 가져온 차를 급하게 마신 스님. 그만 목이 막히는 듯한 고통에 빠졌다. 아뿔싸! 이 무슨 조화란 말인가. 그 찰나의 순간에 그윽한 차의 향기가 코에 스몄다. 바로 그때 그토록 긴 세월 동안 이루지 못했던 선의 각(覺)이 열려 버린 것이다. 입으로 마신 차만이 우리에게 빼어난 차 맛을 줄까. 다담선의 다섯째 경지 신식(身識), 온몸으로 맛보는 차의 맛이려니 여연 스님의 한 마디 한 마디가 죽비가 되어 나를 깨우친다.

『전남수필』 2017. 9.

시드니 오페라 하우스

아름드리나무 한 그루, 바람에 흔들거리는 풀 한 포기, 함초롬히 피어난 한 떨기 꽃이 어우러진 푸른 초원과 하얀 포말을 일으키는 드넓은 바닷가에 펼쳐지는 자연의 어우러짐은 장관이었다. 호주는 자연환경 보존을 최우선주의로 삼는 국가로 비용이 많이 들어도 자연경관을 하나도 파손하지 않고 조화롭게 오롯이 살려내는 곳이다. 이것이야말로 바로 호주의 멋이요, 세계인의 발길을 이끄는 관광자원이 된 것이라는 느낌이 들었다.

듣기만 하여도 설레던 오페라 하우스를 향해 발길을 옮겼다. 세계 3대 미항 중 하나로 일컫는 시드니에 건설된 건축물로, 2007년 유네스코 세계문화유산으로 등재된 오페라 하우스는 그 탄생 과정이 한 편의 드라마였다. 1955년 오스트레일리아는 시드니를 상징할 건축물을 건설하겠다면서 오페라 하우스 건축을 위한 세계적인 공모전을 펼쳤단다. 덴마크 건축가 외른 오베르그 우드손의 당선은 뜻밖의 일이었다. 애초 그의 스케치는 1차 심사도 통과하지 못하고 쓰레기통에 버려졌던 것이다. 그런데 심사위원인 세계적인 건축가 핀란드의 에로 사리넨은 아무리 검토하여도 제대로 된 작품이 없자 마음에 들지 않는 작품을 당선작으로 선정할 수 없다며 낙선된 작품들을 재검토했다. 이렇게 해서 쓰레기통에 버려진 우드손의 작품이 빛을 보게 된 것이다.

우드손의 작품은 하늘과 땅과 바다, 그 어디에서 보아도 완벽한 곡선을 그린다는 평을 받았는데 그는 이 아이디어를 부인이 잘라준 오렌지 조각에서 얻었다. 그는 오렌지 조각을 뚫어지게 바라보다 "바로 이거야."라고 말했다고 한다. 그 영감을 살린 오페라 하우스 건축은 조개 모양, 뱃머리 모양이 탄생하게 되었다 한다. 가이드의 설명에 의하면 오페라 하우스의 건축비를 1,700만 달러로 예상했는데 그 금액의 3배나 초과한 비용이 들어가자 고심 끝에 복권을 판매해서 충당했다 한다.

조개 모양의 지붕이 타일로 되어 있는데 무려 1백6만 장이 쓰였다고 한다. 요트의 닻 모양, 조가비 모양, 커팅 된 오렌지 조각 모양 등등의 지붕 모양에 여러 가지 설이 분분한 오페라 하우스. 하지만 기존 건축물의 평범한 틀을 깬 역동적이고 풍부한 상상력으로 디자인되었음에도 불구하고 건축하는데 여러 문제가 발생하여 논란이 많았으나 우여곡절 끝에 완성된 후에는 영국 여왕 엘리자베스 2세가 개관 테이프를 커팅했다 한다. 햇살을 받으며 하얀 자태를 드러내고 있는 시드니 오페라 하우스는 명실상부 시드니의 상징으로 등극한 위용으로 거대한 빛을 발하여 관광객의 눈을 부시게 했다. 특히 오페라 하우스 로비는 평소에는 결혼식장으로 대여도 해 준다니 정적인 시드니의 정서가 따뜻하게 가슴에 와 닿았다.

여행 내내 바다와 접한 우리 고장 강진의 지리적 요건이 시드니와 겹쳐졌다. 일상에 지친 마음의 빗장을 활짝 열고 맞아들인 이국, 오스트레일리아의 지혜, 풍요와 검소함을 겸비한 농장주, 오페라 하우스에 얽힌 일화들도 그렇다. 이국의 곳곳이 내게 준 멋진 충고의 귀띔을 바탕으로 내킨 김에 자연이 준 고유의 경관을 최대한 살리면서 우리 강진만이 지닌 매력을 100% 발휘할 방안 스케치를 해 본다. 꾸준히 남도답사 1번지의 위용을 지키며 최근 인기 관광지로 급부상 중인 우리 강진의 가우도와 마량 미항이 시드니의 명소들과 어깨를 나란히 할 수 있을 것 같은 그림이다.

더불어 페이스북이나 인스타그램 등 SNS를 활용한 홍보를 이끌어내도록 정해진 태그를 활용한 게시글을 업로드한 관광객에게 할인이나 기념품 제공 등의 혜택이 함께 더해진다면 이것도 하나의 관광 마케팅으로 작용할 수 있을 것 같다.

우리의 자랑거리인 자연 그대로의 관광 인프라를 활용해 가고 싶은 강진, 세계 속의 관광도시 강진 건설을 위한 충분한 매력 어필이 함께한다면 그 결과물은 훌륭하지 않을까? 견문을 넓히고 새로운 깨달음과 더 나은 미래를 그릴 수 있는 아름다운 시간에 감사하며 이번 연수를 갈무리해 본다.

잊을 수 없는 그 사람

내 인생에 있어서 가장 잊을 수 없는 한 사람을 꼽는다면 나는 주저 없이 이분을 꼽을 것이다. 바로 향토축제추진위원장인 김재정 회장님이다. 어렸을 때부터 모시던 사이였기에 평소에 사석에서 만나면 "오라버니"라고 부르곤 한다.

회장님을 처음 만난 것은 1970년대 중반이었다. 당시에 회장님은 지금은 고인이 되신 나의 친정 오빠와 일심회라는 지역 유지들로 구성된 모임을 함께하고 계셨다. 당시에 나의 친정어머니는 몸이 약하셔서 누워 계시는 일이 많았다. 그럴 때마다 몸져누워 계신 어머니를 찾아 김재정 회장님을 비롯한 일심회 회원들이 문병을 오곤 했다. 문병을 오신 회장님은 "문병 오는 것이 아니라 폐를 끼친다."라고 말씀하시면서도 즐거워하셨던 기억이 난다.

회장님은 사람을 만나는 것을 즐겨하시고 사람들과 어울려 지내는 것을 좋아하셨다. 항상 우리 마을을 찾아오시면 마을 인근에 있는 저수지 둑 위에서 읍내에서 사 온 돼지고기와 막걸리를 친구들과 함께 나눠 드시곤 했다. 사람을 좋아하셨기에 항상 모든 사람들을 차별하지 않고 허물없이 대해 주셨고 나에게도 친동생처럼 잘 대해 주셨다.

지금은 많이 왜소해지셨지만 그때 회장님은 지금과는 비교가 안 될 만큼 인물도 좋으셨고 체격도 준수하셨다. 체격이 좋았기에 양복이면 양복, 한복이면 한복이 다 잘 어울리셨고 전통한복에 검정 두루마기를 자주 입으시며 멋을 부리곤 하셨다. 어린 나이에 회장님의 그런 모습을 지켜보면 '몸에서 빛이 난다'라는 말이 절로 떠오를 정도로 멋있었던 기억이 아직도 생생하다. 세상에 없는 멋쟁이요 인물 또한 뛰어나게 잘났고 넘치는 회장님의 카리스마는 모든 사람들의 선망의 대상이었다. 많은 사람들이 주위에 몰리도록 하는 리더십 또한 뛰어나셨다.

지역의 선후배들에게 정말 가족처럼 덧없이 아끼셨고 애향심이 남다른 가슴을 가지신 분이셨다. 자신의 것을 어려운 후배들에게 베풀어 주고 따뜻하고 정이 넘치는 면이 있는가 하면 때로는 위엄과 카리스마가 넘치는 멋을 내면에 지니고 있어 회장님을 좋아하는 분들이 많았다. 지역 발전을 위해서도 회장님께선 다양한 직책을 도맡아 누구보다 열심히 일하셨다. 그중 몇 개만 소개해 보면 강진군지역발전협의회장, 재향군인회장, 강진군생활

체육회장, 향토축제추진위원장, 장애인복지관위원장으로 활동하고 계신다. 이렇게 다양한 분야에서 사회활동을 하며 지역 발전을 위해 봉사하고 계신 모습이 자랑스럽다.

지난해에는 '강진 방문의 해'라는 큰 행사가 치러졌는데 그중에서 중요한 자리인 '향토축제추진위원장'을 맡으셨다. 지역에서 크고 작은 축제가 펼쳐지면 축제장 곳곳을 다니며 준비가 부족한 부분을 실무자들에게 전달하고 축제 성공을 위해 필요한 부분은 따끔하게 지적해 시정하는 등 중요한 역할을 잘 해내셨다. 몸이 불편함에도 불구하고 열정적으로 지역 발전을 위해 일하시는 모습을 보면 존경스럽고 나 자신도 본받아야 겠다는 생각을 해 본다.

언제나 긍정적인 마인드와 해학과 위트로 좌중을 휘어잡는 분이시기도 하다. 내가 지금 강진군의회 의원으로 활동할 수 있도록 만들어 주신 분도 바로 김재정 회장님이셨다. 어느 날이던가. 회장님이 나에게 전화를 하셔서 만나서 차나 한잔하자고 말씀하셨다. 회장님은 나는 마음은 있어도 언감생심 뜻도 못 비추는데 "너 지금 뭐하고 있느냐? 지금 당장 출사표를 던지고 한번 도전해 보아라"고 하시며 후배들을 시켜 각 단체에 추천서를 받아오도록 하셨다.

그리고 지인들에게 김명희가 부각될 수 있는 운동을 펼쳐 주시며 회장님은 내가 출마를 하는 데 있어서 필요한 부분은 뒤에서 적극 지원해 주셨다. 자신이 알고 계신 여러 사람들을 만날 수 있도록 소개도 시켜주셨다. 한마디로 나의 든든한 지원군이 되어 주셨던 것이다. 마침내 내가 비례대표로 군의회에 입성하게 되니 누구보다도 기뻐해 주시고 잘하라, 열심히 하라며 격려의 말씀을 해 주시곤 하셨다. 나는 지금까지도 회장님의 그 선택에 누를 끼치지 않도록 매사에 더욱 신중을 기해 처신을 하려 노력하고 있다.

회장님을 생각하면 우스운 일화가 생각난다. 내가 결혼을 하고 신혼 때로 기억된다. 그 시절엔 자동차가 귀한 시대였다. 버스를 타려고 기다리고 있는데 회장님께서 자가용을 타고 지나가시다 내가 보이니 읍내까지 차를 태워 주셨다. 자동차에 내리면서 쑥스러운 마음으로 꼬깃꼬깃한 천 원짜리 2~3장을 차비로 내밀었다. 그때 회장님은 "이노무 자식 좀 봐라이 어서 거두라."고 호통을 치셨던 기억이 난다. 그 생각이 날 때마다 혼자 피식 웃곤 했었던 고백을 지금 해 본다.

또 회장님은 날 만날 때면 친정아버님께서 당신을 얼마나 아끼고 사랑해 주셨는지 기회가 있을 때마다 자주 말씀해 주셨다. 서로가 나누었던 따스한 정을 이야기하시며 함께하신 막걸리 이야기, 풍류를 즐기신 아버님의 호탕한 모습들을 회상하셨다. 인심이 넉넉하신 회장님을 더욱 따르게 된 이유는 헌신적인 마음으로 지인들을 다정하게 챙겨주는 모양이 너무 좋아서였다.

회장님께서 다양한 사회단체의 수장으로 활동하며 지역 발전을 위해 노력해 오는 모습을 옆에서 지켜보면서 나 자신도 뒤를 이어 함께하게 됐다. 어려운 처지에 있는 지역의 후배들에게 무슨 일이든 할 수 있도록 주선해 주는 따뜻한 마음, 사회 생활하는 방법과 올바른 행동 등을 가르쳐 주셨고 회장님의 가르침은 나의 발전에 밑거름이 되었다. 고마우신 회장님, 당신의 드넓은 가슴을 닮아 저 또한 지역민을 받들고 섬기는 자세로 살겠습니다.

평창올림픽

세 번의 도전 끝에 얻은 성과다. 제123차 IOC 총회에서 과반표 이상을 획득하여 평창이 동계올림픽 개최지로 선정되었을 때의 감격이 채 가시지도 않았다. 그런데 큰 잔치를 앞두고 집안 정돈조차 제대로 하지 않은 주인의 심정이 이럴까. 몰려드는 부끄러움에 서둘러 정리해 보려는 집안은 여전히 어수선하기만 하다. 비선실세 국정 논단으로 연일 터지는 비리의 온상, 사회 전반적으로 암울한 분위기 속에서 나라 전체가 참으로 한탄스럽기 짝이 없는 진통을 겪고 있다. 엎친 데 덮친다더니 충북 제천에서 스포츠센터 건물 화재사건이 일어났다. 사리사욕에 눈 어두운 건축주는 안전시설조차 제대로 갖추지 않고 운영을 해왔으니 불행을 자초한 셈이다. 건축시설물 불법 개조로 인해 손 쓸 수 없는 상황 속에 일어난 대형 화재사건은 그중에서도 여자 목욕탕에서 수많은 인명피해를 자아냈다. 그 후 폭풍이 해결되지 않는 상태에서 이어진 밀양 세종병원의 화재참사는 대한민국은 안전 불감증의 나라라는 오명에서 벗어날 수 없게 만들었다.

사후약방문(死後藥方文)인 셈이다. 연이은 국가적 불행을 그저 속수무책 바라보고만 있을 수 없다는 판단에선가. 정부에서는 부랴부랴 국가안전대진단 추진계획도를 발표했다. 이낙연 국무총리는 국가안전대진단과 관련한 담화에서 "과거처럼 형식적인 진단이 아니라 내실 있는 제대로 된 진단을 하도록 준비부터 철저히 해달라"고 특별히 지시를 했다는 보도다. 덧붙여 이 총리는 안전관리 취약 29만 개소에 국가안전대진단을 실시하겠다고 밝혔다. 꽁꽁 얼어붙은 경제조차 풀리지 않는 이 혹한에 그야말로 총체적 난국이 아닌가. 온 나라는 평창동계올림픽 준비에 심혈을 기울이고 있는데 이런 시련이 연속되고 있으니 정말 개탄스러울 뿐이다.

어쨌든 2월 9일부터 25일까지 총 17일간의 일정으로 세계인들의 주목 속에 평창올림픽이 개최되었다. 92개국에서 온 2925명의 선수들이 참가하는 대형 축제다. 평창(pyeong chang)의 머리글자인 p, c에서 영감을 얻은 대회의 슬로건은 'passion connected', '하나 된 열정'이다. 전 세계인들의 공감을 연결하고 언제, 어디서나, 그리고 모든 세대가 참여할 수 있으며 동계스포츠의 지속적인 확산에 새로운 지평을 열어간다는 뜻이 담겨져 있다.

우리네가 종종 저 먼데 사는 이웃 친지들을 불러 잔치를 마련하는 이유와 어찌 그리 흡사할까. 갖은 솜씨 내어 맛난 것, 멋진 것 두루두루 대접하여 손님들이 평생 두고 잊지 못할 인상적인 방문이 되도록 유도하는 것은 개인의 잔치나 국가의 잔치나 마찬가지다. 이번 평창올림픽을 계기로 정부는 국가발전의 획기적 전기 마련 및 지역발전의 지속가능한 유산창출로 경제 활성화에 기여함에 그 목적을 두고 있다. 하여 더불어 대한민국이라는 국가브랜드를 향상시키고 지역의 균형 발전의 에너지를 결집시켜 첨단산업의 발전을 촉진시키는 효과를 노리는 것이다. 지구상의 유일한 분단국가라는 우리의 특수한 현실은 남북 간 화해 협력 및 평화 증진에도 그 목적을 둔다. 명실상부 선진국 진입의 상징적 계기로 이후 평창은 아시아의 동계스포츠 허브로 자리 잡게 될 것이다.

그래서일까. 나는 은근히 잔치 뒤끝의 효과를 기대해 본다. 나라 정세가 불안하고 이런저런 이슈가 터질 때마다 국민들은 위축되기 마련이다. 국민들이 위축되면 내수경기는 그야말로 바닥을 치기 시작한다. 특히나 소상공인의 애환이다. 누군가 진단 내리기를 요즘의 한국인들 마음의 온도가 영하 14도라 했다. 그렇다면 내수 시장에 목을 건 소상공인들의 마음은 빙하시대일 것이 아닌가! 어쩌면 우리 모두 동절기다. 얼음을 가르는 각종 동계스포츠의 활기로 이 난관을 극복하면 어떨까. 작은 출발부터 단단히 시작하는 자세가 필요하다. 애초 신발끈을 단단히 동여 조이고 시작하는 날리기는 도중에 넘어질 위험성이 없다. 이까짓 것쯤이야. 서둘러 나선 허술한 자세가 언제나 문제였다. 한국에 온 외국 사람들이 가장 먼저 배우는 말이 '빨리, 빨리'라던가. 차분히 살피지 않고 매사 적당, 적당히, 매사 무엇에 쫓기듯 처리해버리는 버릇이 훗날 참사의 요인이 된다.

이번 제천의 화재에서도 가장 신경을 써야 했을 응급대피통로에 별생각 없이, 잔뜩 쌓아 놓은 잡동사니가 생명을 구할 통로를 막았다. 설마 그런 일이 일어날 리가 있어, 방심이 부른 인재였다. 시상대를 한옥 기와지붕과 오방색 단청에 흰 눈이 내려앉는 모습을 형상화했단다. 본디 은근하고 끈기 있는 저력을 지닌 우리가 아닌가. '하나 된 열정'이라는 평창의 슬로건처럼 이제라도 우리 모두 새 출발을 해 보자.

3

여유 있게 살아가기

애처롭기 짝이 없는 뻐꾸기 울음소리가 드높은 6월 초순이면 산야마다 무더기 무더기로 하얀 찔레꽃이 흐드러지게 피어 향기를 풍긴다.

봄날은 간다

계절의 여왕 만화방창한 꽃의 달이자 가정의 달인 오월이면 팡팡팡 펑펑펑 절정에 터트린 저 함성, 저 폭발, 저 만개 어느 시인의 시가 생각난다.

꽃 사이를 윙윙거리며 꿀 모으기에 분주한 벌들만 바쁜 것이 아니다. 그동안 바쁘다는 이유로 제대로 표현하지 못했던 가족들이 서로에 대한 사랑을 재확인하는 가정의 달 아닌가. 너나없이 분주하고 바쁜 오월이다. 나 또한 예외가 아니었다. 모처럼 고향 어르신들을 모시는 뜻깊은 자리에 함께하느라 동분서주, 연례행사 어버이날 위안 잔치를 비롯해 지역의 면민의 날 어버이날 기념행사에 효도 잔치가 마무리되었다.

어머님께 달아 드릴 카네이션을 사고 집으로 돌아왔다. 가슴에 꽃 한 송이 달아 드리는 형식적인 태도 아닌가 생각하니 문득 서글픔이 밀려든다.

누군가의 사과 같은 눈동자, 이 표현은 눈 속에 있는 눈동자를 가리키는 말로 우리식으론 눈에 넣어도 안 아플 만큼 사랑스런 대상을 말한단다. 바로 그 말이 실감나는 고 어린 것들의 솜씨라니! 어린이집에 다니는 손주들이 어버이날을 맞아 고사리손으로 만든 종이카네이션을 가지고 찾아왔다. 할머니 할아버지 가슴에 달아준다. 손주들이 가녀린 손으로 가위질하고 풀칠하여 만들었을 정성에 감격한 이 할머니는 하루 종일 종이꽃을 달고 다녔다. 효를 실천할 어버이가 아직 곁에 계시고 또 자손의 효를 받는 뿌듯함이 절정으로 치닫는 꽃처럼 피어오르는 이 오월이 어찌 아름다운 절기가 아니랴.

명장 이순신은 효자로 알려졌다. 정약용 선생은 『경세유표』에서 이순신의 『난중일기』를 읽고 난 후 이순신이 어머니를 그리워해서 밤낮으로 애쓰고 슬퍼하는 마음을 비로소 알았다고 했다. 효자의 행실은 저 하늘도 감동시켜 화살이 빗발치는 전쟁터에서도 무사히 살아남는다 했다. 다산 정약용 선생은 효야말로 문(文)과 무(武)라는 실질적 재능에 버금가는 인간 본성의 능력이라고 하셨다. 그러나 다산의 '효자론'에 따르면 "자식이 제 부모를 구완하기 위해 자신의 넓적다리 살을 베어내는 것은 비상식적인 일이 아닐까. 부모님의 병구완을 할 때 드실 약을 맛보고, 차려낸 음식상을 살펴보고 만일에 대비해서 의관을 벗지 않고 있는 일 등등은 효자로서 당연히 해야 할 일. 그러다 급박한 순간에 이르면, 그러니까 효자라면 애통하고 절박한 마음에서 손가락을 자르고 살을 베어 부모님의 요행을 기대하고도 싶어질 것이다. 하지만 옛 성인들 가운데 그런 일을 한 예가 없다. 그렇거늘 역사서에 그런 일화가 실리고 조정에 그런 사례가 심심찮게 조정에 보고되는 것은 부모를 이용해서 명예를 낚아 부역을 피하려고 하는 부조리를 낳는 결과가 된다."고 지적하셨다.

젊은 나이에 혼자되어 억척스럽게 아들을 키우셨던 어머니다. 남은 건 달랑 사진 한 장. 연분홍 치마에 흰 저고리를 입고 수줍은 모습으로 앉아 계시는 사진 속 어머니는 이제 곁에 안 계신 것이다. 더구나 불행하게도 단 한 장으로 남은 당신의 흔적조차 피난살이 도중 불에 타 사라지고 말았다. 그 안타까운 그리움을 풀어 우리의 국민가요가 된 「봄날은 간다」의 가사를 썼다던 아들이 있다. 내 어머니 두 분께서도 좋아하시는 그 노랫말을 천천히 음미하며 읊조리다가 '꽃이 피면 같이 웃고 꽃이 지면 같이 울던' 그 대목에서 기어이 목이 메고 말았다. 오월 훈풍에 흩날리는 저 한 줄기 풀 꽃잎, 그처럼 여리고 작은 자식의 마음으로 온 누리를 비추는 찬란한 봄 햇살 같은 어버이의 은혜를 어이 보답할 수 있을까.

마음의 온도

당신 스스로 돌이켜보면 평생을 김매듯이 살아오셨다고 했다. 때로는 당장이라도 생의 호미 자루를 내던지고 싶을 만큼 힘들었다 하셨던 박완서 선생님의 말씀이 불현듯 뇌리에 스치는 날, 이런저런 잡초로 황폐해진 내 정신의 밭을 김매고 싶었을까. 오랜만에 한국기독교장로회 여신도 강진지구회 모임에 참석했다.

그야말로 바짝 마른 마음의 들판에 단비를 적시는 기회였다. 김옥진 목사님의 정금 같은 설교를 듣고 반성하고 회개하고 눈물짓고 결단하는 시간을 가지게 된 것이다. 설교 가운데 무엇보다 가슴에 스미는 건 '마음의 온도'라는 주제였다.

모 대기업에서 '마음의 온도'를 주제로 설문 조사를 한 결과 한국인의 마음의 온도는 영하 14도로 나타났다고 한다. 새해 1월이 영하 5도보다 차고 신선하다는 시구가 있었던가. 이곳 남쪽의 날씨는 여간해선 그 이하로 내려가지 않으니 실감나지 않는 극한의 영하 14도라니! 순간 오스스 몰려오는 한기다. 국민들의 가슴이 온통 겨울왕국처럼 한기에 얼어붙어 있다는 말이다. 더구나 졸업을 앞둔 대학 4학년 학생들의 마음의 온도는 무려 영하 24도란다.

설문자들에게 앞으로의 온도는 어떻게 될 것인가? 질문을 했더니 더 낮아질 것이라고 답했다 한다. 물론 세대나 개개인이 당면한 고민에 따라 다르긴 하겠지만 사회 전반적으로 느끼는 체감 경기는 한 해 한 해 다르게 싸늘해지는 것만은 사실이다. 국민들이 위축되면 내수경기는 낮아질 수밖에 없다. 특히나 오늘 내가 이야기하고 싶은 것은 소상공인의 애환이다. 한국인의 마음의 온도가 영하 14도라 하는데 그렇다면 소상공인의 마음은 저 남극의 온도, 빙하시대 흡사하지 않을까!

목사님께선 여호와께 나아가 기도하는 것만이 한국교회와 사회 문제를 해결하는 방법이라고 말씀하셨다. 근래엔 교회가 가진 것을 상실해 교회가 가져야 할 야성이 없어져 버렸다는 지적에 이어 무엇보다 심각한 것은 교회의 주축이요, 동력이 되어야 할 30~40대 여성들이 없어졌다는 염려의 말씀이다. 어찌 교회에서뿐이랴. 어느 집단이건 생의 푸른 잎 무성한 활동적인 젊은이들이 있어야 사회가 튼실해질 텐데 머지않아 2050년대가 되면 노인 인구가 최고치를 육박할 것이란다. 갈수록 인간의 수명은 길어지고 그에 반해 출산율은 낮아지니 앞으로의 가장 심각한 사회문제가 아닐 수 없다. 뒤늦게나마 우리나라는 지난 10년 동안 126조 원의 막대한 예산을 저출산 대책에 사용했다. 하지만 그 성과는 전혀 기대에 미치지 못하는 현실이다.

요즈음 들어 인구정책문제의 심각성이 대두됨으로 인사 혁신처에서는 공직자 복무제도 개선방안을 마련했다. 정부는 우선 임신한 여성근로자의 퇴사를 최소화하기 위해 올부터 임신기에도 1년간 육아 휴직이 가능하도록 남녀고용평등법 개정을 추진하기로 결정했다. 공무원이 좀 더 편안한 환경에서 출산과 육아를 할 수 있게 하므로 저출산 해소에 도움을 주고 개선해보자는 취지이다. 배우자 출산휴가도 종전 5일에서 10일로 늘어난다. 공무원 근무 시간이 지나치게 많다는 판단에 따른 것이다.

공기업에 근무하는 A씨는 날마다 전쟁 아닌 전쟁을 치른다. 맞벌이 중인 부부는 아이를 어린이집에 맡긴다. 그런데 어린이집은 오후 4시쯤이면 하원하게 된다. 하지만 A씨는 제때 어린이집에 도착하기가 어렵다. 다른 아이들 다 집에 가고 없는데 내 아이만 텅 빈 어린이집에 머물게 된다는 현실이 늘 마음이 아프고 힘들었다. 최소한 이런 고민을 덜게 되었다. 정부가 만 5세 이하 자녀를 둔 공무원은 최장 2년 동안 하루 2시간씩 단축 근무를 하도록 했기 때문이다.

몇 년 전의 일이다. 시부모들이 늘 바쁘다는 이유로 한 번도 아이를 맡아달라는 부탁을 애당초 하지 않던 며늘아기가 전화를 했다. 작은 아이가 아파서 병원에 입원했다고 아이를 이틀만 돌봐달라고 했다. 부랴부랴 병원으로 달려갔다. 첫날은 그런대로 지냈다. 하지만 그 이튿날 아침 제 엄마가 출근하는데 큰놈이 "엄마 가지 마! 엄마 가지 마!" 통사정을 하면서 제 엄마 다리를 붙잡고 울고불고 난리가 아닌가. 기가 막혀서 차마 볼 수 없는 광경이다. 눈물은 전염성 강한 병처럼 순식간에 병실 모두에게 옮아갔다. 애도 울고 며늘아기도 울고 시어머니인 나도 울고 만 것이다. 이것이 오늘날 대한민국의 육아 현실인가.

많지, 많지 않다
꽃 보고 달 보고
강가나 숲길 어슬렁거리며
말도 되지 않는 말
글자로 적어내는 일도

「사랑할 시간이 많지 않다」는 정현종 시인의 시다. 정부가 나서서 이제라도 대책 마련의 의지를 보이니 다행이다.

본디 매사가 온전하게 이루어지는 경우가 드물다 했다. 불무구전(不務求全)이 인생이요, 세사(世事)의 이치이니 안과 밖 모두가 온전하기를 바라지 말라고 했다. 사물이라는 게 양쪽 모두 흥하는 법이 없어 무릇 하늘과 땅 사이의 일은 반드시 결함이 있기 마련이란다. 남보다 더 잘 살기 위함이라는 경제 논리가 넘지 못할 높은 벽인가. 그렇다고 하더라도 무엇이 우리를 그렇게도 끊임없이 분주함으로 내모는 것일까. 하다못해 아이들의 맑은 눈을 마주하는 짬도 청명한 하늘을 올려다보는 것처럼 드물기만 한게 현실이다.

하찮은 작물도 주인의 발소리를 듣고 자란다지 않던가. 엄마의 따뜻한 마음 온도가, 아빠의 흐뭇한 마음의 온도가 그 가족 모두의 온도를 높이고 이 사회 마음의 온도를 지핀다. 느긋한 여유까지는 바라지 않지만 무엇보다 우선하여 미래의 동량이 될 어린 새싹을 정성껏 살필 시간은 충분히 허락되어야 한다.

남도의 겨울별미

언제부터인지 찬바람이 뼛속까지 파고든다. 이 계절에 이르면 어쩜 그리 입맛은 맞춤형인지 겨울마다 우리를 유혹하는 음식 코너를 다루는 TV 프로에서 강진 마량의 서중마을이 소개되었다. 전통 수제 김을 만드는 곳이다. 화면을 보기만 해도 바다향이 물씬 풍겨온다. 화학가공품을 전혀 첨가하지 않고 완전 무공해로 수작업으로 만들어 옛맛 그대로 유지하고 있으니 얼마나 맛깔나겠는가.

우리네 입맛은 계절 따라 먹을거리를 맞춤형으로 요구한다. 겨울이 되면 매생이, 감태, 김이 많이 나오는 우리 남도는 바다에 나오는 해산물 또한 풍요롭다. 언제나 이맘때가 되면 시장 좌판에 즐비하게 진열된 감태나 자반을 보면 친정 할머니 생각이 간절하다. 우리 할머니는 부잣집 할머니답게 귀품이 흐르는 외모에 생각 또한 신식이셨으며 자식들이 잘 풀려 모든 사람들의 선망의 대상이셨다. 이 계절 할머니가 더더욱 그리운 건 겨울이 오면 당신께서 유난히 즐겨 드시던 감태 때문이다.

장날이면 어머니는 꼭 감태와 자반을 빠트리지 않고 장을 봐 오셨다.

잘 건조된 감태에 간장과 참기름 깨소금을 넣고 그 양념장에 찍어 먹으면 얼마나 고소했던가! 지금도 그때의 맛을 떠올리면 입안에 침이 고인다. 바다에서 갓 채취해 온 감태는 이렇게 만들어 먹는 것이 일품이다. 우선 잘 씻은 감태를 체에 밭쳐 물기를 빼고 청양고추 잘게 썰어 넣고 쪽파도 송송 썰어 넣고 액젓과 소금으로 간을 한다. 준비된 양념을 버무리고 마지막에 통깨를 뿌려주면 완성이다. 갓 지은 밥에 한겨울이 아니면 맛볼 수 없는 감태지 한 젓가락 올려 먹으면 쌉싸래한 바다 향이 한입 가득 겨울바다를 느끼게 하는 정말 꿀맛이 아닌가. 감태지에 대한 추억을 더듬는 것만으로도 내 입안에 침이 절로 고인다. 서둘러 시장에 나가 봐야겠다. 그렇지 않아도 나는 겨울철이면 언제나 감태지를 계속 담근다. 구순이 넘으신 시어머님께서 고기류는 안 드시지만 어머니께선 감태지를 즐겨 드시기 때문이다.

감태하면 떠오르는 또 한 분이 계신다. 남도가 고향인 예전에 모셨던 사모님 생각이 난다. 우아하고 정겨우신 사모님께서도 감태지를 매우 좋아하셨다. 떡이나 약식, 육류를 좋아하시며 나와 식성이 비슷하니 너무 좋은 사이 뭣이든 주고 싶고 나누고 싶은 엄마 같은 따뜻하신 사모님을 잊을 수 없다. 음악을 좋아하시고 한때 모시고 선거운동 다닐 때 마을회관에서 어머니들 노시면서 노래 신청을 하면 「그리운 금강산」을 멋지게 부르시곤 했었다. 시골 할머니들께서 낯선 가곡 대신 유행가를 주문하시면 망설임 없이 「오동추야」를 구성지게 장구에 맞춰서 부르시곤 하셨다.

사모님이 외국 여행 때 내 생각이 나서 사 오셨다는 브로치와 작은 손가방, 스카프를 지금까지 잘 간직하고 있다. 누구에게나 다정다감하시며 따뜻한 정을 나눠 주신 예쁜 마음의 소유자 아름답고 멋쟁이 사모님. '오늘은 사모님께서 너무도 좋아하시던 감태지 때문에 불현듯 당신이 그리워졌습니다.' 이런 편지와 함께 잘 담근 감태지를 보내드린다면 얼마나 반가워하실까.

내킨 김에 감태에 관한 자료를 인터넷을 통해 검색해 보았다. 감태하면 폴리페놀 이야기를 안 할 수가 없는데 폴리페놀은 활성산소 즉 유해산소를 비롯한 산화 대사산물을 해가 없는 물질로 변화시키는 항산화 물질을 말한다. 해양 폴리페놀이란 말 그대로 해양에 존재하는 폴리페놀이다. 이것을 엄청나게 가지고 있는 것이 바로 감태로 다시마 미역과 같은 갈조류에 속한다. 노폐물과 독소 배출을 돕고 콜레스테롤 수치를 낮춰 주고 꾸준하게 섭취하면 고지혈증, 고혈압 등의 혈관질환 예방에 도움을 주는 게 갈조류 식품이라고 하니 이제부터 더더욱 감태를 챙겨 먹어야겠다. 서둘러 맛깔스런 감태지를 담그겠다는 마음이 급해 시장으로 발길을 재촉해 본다.

영랑문학제와
세계모란공원 개장을 마치고

지난봄 영랑문학제와 세계모란공원 페스티벌이 이틀간 영랑 생가 일원에서 열렸다. 조국의 찬란한 광복을 봄을 맞아 만개하는 모란으로 지칭한, 개화의 애틋한 기다림을 읊은 영랑의 시로 하여 어느덧 강진의 상징이 된 것이다. 귀한 손님맞이 설렘인 듯 영랑문학제 일정보다 모란은 일찍 흐드러졌다. 영랑이 노래한 토종 우리의 모란뿐 아니라 중국 일본 등 여러 나라의 모란꽃을 지속적으로 만날 수 있게 되었다. 세계모란공원에 유리하우스를 설치, 사시사철 모란꽃을 피울 수 있도록 조성하여 모란과 함께 영랑의 시심을 상기하며 모란공원을 산책할 수 있도록 되었다.

개회식의 테이프 커팅을 마친 후 유리하우스에 온갖 정성을 다 쏟아 꾸며놓은 아름다운 화초들을 관람하면서 준비된 나비를 날리고 모란공원 폭포 아래에서 기념식을 가졌다. 색색의 풍선을 날리고 축포가 울려 퍼지는 화려한 개장식에 모두가 어린아이처럼 즐거운 표정들이다.

영랑 생가 앞뜰에서는 올해의 영랑문학상 수상자 오세영 시인의 사인회가 열렸다. 사인회에는 동화, 시, 소설, 수필 등 문학 전반을 망라한 지역 작가들의 팬 사인회도 함께하므로 뜻깊은 행사가 되었다.

수상자이신 오세영 시인은 서울대학교 국문학과를 졸업했고 본 대학 인문대 교수를 역임했으며 박목월에 의해 현대문학으로 등단하여 다수의 시집과 학술서적 23권이 있으며 만해문학상, 목월문학상, 정지용문학상, 소월 시 문학상 등과 국가로부터 은관문화훈장을 받았다. 2016년도 전 미국에서 최고시집 12권에 선정되기도 했으며 한국 시인협회 회장을 역임했다. 이번 수상작은 「가을 빗소리」로 선정되었다.

가을 빗소리

오세영

한편의 교향악인가?
불어서, 두드려서, 튕겨서 혹은 비벼서
음(音)을 내는 악기들
가을밤 비 내리는 소리를 들어보아라

피아노를 치는 담쟁이 잎새
실로폰을 두드리는 방울꽃
바이올린을 켜는 구절초
트럼펫을 부는 나팔꽃
북을 울리는 해바라기
빛이 없는 밤에는 꽃들도 변신해 모두
악기가 된다
비와 바람과 천둥이 함께 어우르는
실은 신(神)이 지휘하는 자연의
대 오케스트라 연주(演奏)
낮게 혹은 높게, 작게 혹은 크게
화음(和音)을 이루는 그 아늑한 선율이여
일상의 소음에 지친 우리를
사르르 잠들게 하는 가을비
그 빗소리여

난 개인적으로 오세영 시인께서 수상자가 되어 기뻤다. 10여 년 전 공모전에 출품하여 내가 대상에 당선, 법무부장관상을 받았을 때 심사위원이 세 분이셨는데 그중 한 분이 오세영 시인이었기 때문이다. 그런 인연만이 아니라 만날 수 있는 기회가 있을까 말까 하는 우리 문학계의 거장이 아니신가. 나는 그분을 만날 반가움에 들떠 수상을 하실 때도 손바닥이 아플 정도로 힘차게 박수를 보내드렸다.

오세영 시인은 수상소감에서 "영랑시문학상 수상을 진심으로 기쁘게 생각한다."며, "돌이켜 보면 나는 영랑시문학상과 인연이 많았다. 영랑문학상 수상작 초회 심사를 했었고 시문학파 건립과 초창기 문학상 운영에 관여하기도 했다. 타지역에서 각종 수상을 했었지만 전라도 지역에서는 수상한 바 없어 고향 남도에서 받게 된 상이라서 의미가 새롭고 내게는 오지 않을 것 같은 이 상이 굽이굽이 돌아 먼 길을 이렇게 찾아오다니 감회가 새롭다. 시를 사랑하는 강진 군민과 심사위원 여러분께 감사의 말씀을 드린다."고 밝혔다.

연극 단원들은 영랑의 시 세계를 몸짓으로 표현해 일본군에 압제받는 만세사건의 퍼포먼스를 선보였는데 이는 영랑문학제의 백미로 눈길을 사로잡았다. 어둠이 내리자 드디어 본격적인 영랑문학의 밤이 개최되었다. 전남도립공연단의 공연과 함께 뮤지컬 배우의 「빼앗긴 들에도 봄은 오는가」를 낭송해 영랑의 애국적 시심을 노래했고 소프라노 정수경의 공연이 영랑 생가의 분위기를 청아하게 물들게 했다. 또한 영랑시문학의 밤에는 전국의 문학관 관장들이 참석, 2017년 한국문학관 전국대회도 열었다. 본무대에서 시문학 축제의 밤을 열어갔는데, 멋진 무대가 펼쳐지는 강진의 문화 향기가 무르익어가는 밤은 그 어느 때보다 아름다웠다.

이튿날 열린 전국영랑백일장과 전국시낭송대회에는 전국에서 모여든 문학을 지망하는 학생 및 대학 일반부가 참여, 올해는 당일 심사 당일 시상을 하는 박차를 가했다.

연일 날씨가 좋지 않아 걱정을 했었는데 화창한 봄 날씨 모란이 소담히 피어 있는 생가에서 영랑문학제 및 세계모란페스티벌을 어느 때보다 성대히 치르게 되니 기쁘기 한이 없다. 2017년 강진방문의 해와 곁들어 열리는 영랑문학제, 세계모란페스티벌 등의 강진의 각종 행사들이 더욱 빛을 발해 강진군의 자긍심이 더욱 높아지는 계기가 되리라. 그런 기대로 우리의 가슴은 한껏 설렌다.

어느 밤의 맹세

그리스의 선박왕 오나시스와 재혼한 재클린 여사. 둘 사이의 불협화음은 서로 상반된 수면 사이클에 있었더란다. 일찍 자고 새벽 일찍 기상하는 전형적인 근로자 스타일인 게 오나시스였다. 반면에 해가 중천에 이르도록 늦잠을 자다가 그 해가 서녘에 이를 즈음에야 비로소 물기가 생생해지며 삶의 기력을 회복하는 야행성 식물 같은 라이프 스타일을 고수하던 재클린. 그러니 둘은 느긋이 통하는 정서적 교감이 부족했을 수밖에다.

나 역시 초저녁잠이 유난히 많다. 그래서 식구들에게 가끔 핀잔 아닌 핀잔을 들었다. 쏟아지는 잠 때문에 가족 간의 밤 시간을 즐기는 화목의 여유도, 꼭 해야 할 일도 내일로 미루는 과오를 서지르기 때문이었다. 그런데 오늘 밤엔 오후 늦게 마신 커피 탓인가. 아님 전여옥이 쓴 『간절히 두려움 없이』란 제목의 책이 나를 사로잡아서인가. 웬일로 내가 시간이 깊어져도 잠이 오질 않았다. 다른 때와 달리 TV를 끌 생각을 하지 않자 TV 끄고 그만 자라는 남편의 말에 일단 스위치를 눌렀다. 그리고 다시 책으로 눈길을 돌렸다. 하지만 반사되는 불빛에 제대로 독서가 되지 않았다. 일단 불을 끄고 억지로 눈을 붙였다.

어떤 까닭일까. 오늘 밤엔 다른 날과 달리 좀처럼 잠이 오지 않을 조짐이다. 하나, 둘, 숫자를 세기 시작했다. 여느 때 같으면 셋까지 세어 본 적이 없다. 눈 딱 감으면 끝! 잠의 세계로 직행, 그 자체이다. 누가 떠가도 모를 정도로 곤한 잠. 그런데 이게 웬일인가? 숫자는 점점 늘어가고 아무리 헤어 봐도 정신은 말짱해지니 드디어 불면의 괴로움이 시작되었다. 아… 이럴 바엔 차라리 책이라도 봐야겠다. 다시 불을 켜고 독서를 시작했다. 11시가 넘고 어느덧 12시에 이르렀을까.

어느 정도 불빛에 익숙해지며 서서히 책의 세계로 몰입하려는 찰나 아뿔싸! 내 독서에 새로운 방해꾼이 등장했다. 남편의 코골이다. 처음엔 드르렁, 드르렁 마치 맷돌 돌리는 소리로 시작됐다. 나중엔 씩씩씩 흠흠흠 갖가지 음색을 골고루 내가면서 높은 고음에서 낮은 저음으로 수시로 이동한다. 때아닌 아카펠라 공연은 불협화음의 극치이니 듣는 이의 청각은 매우 유쾌하지 못하다. 참다못해 내지르는 "아이고! 저 콧소리."

짜증 섞인 내 목소리가 잠결에도 전달되었을까. 금방 조용해지는가 싶더니 한밤중의 연주가 다시 반복되었다. 과연 한 사람의 솜씨가 맞을까 의심이 들만큼 예측 불허의 멜로디가 다양해지고 요란해진다. 결국 손가락으로 가장 주된 악기인 코를 살짝 막았더니 잠시 멈칫, 하지만 조금은 조용해지다가 도대체 몇 악장으로 이루어진 악보인지 또다시 계속된다. 궁여지책 입을 살짝 벌려 놔 봐도 소용이 없다. 아닌 밤중에 이런 날벼락이 있을 수 있나. 그동안 밤마다 이런 불협화음의 연속이었을 텐데도 아랑곳없이 나는 꿈속을 헤매고 있었단 말인가.

어쨌든 짜증 중에 왕짜증이 났다. 차라리 연주회장에서 멀찍이 거리를 두자. 건넛방 침대에서 다시 책을 들었다. 그런데 이 양반의 숨소리가 심상찮게 들린다. 자꾸 뒤척이면서 곱지 못한 숨을 내쉬는 게 은근히 걱정이 되는 것이다. 뚱뚱한 몸매에 약간의 술기운을 풍기며 옆으로 누워 든 잠. 어쩌면 저렇게도 숨소리가 고르지 못하고 불편할까. 현실에서 짊어진 짐의 허덕임으로도 모자라 꿈속에서까지 등 가득 짐을 지고 어느 가파른 언덕을 오르고 있단 말인가. 문득 남편이 진 삶의 고통의 무게가 가슴 가득 다가온다. 한 집안의 가장은 저렇게도 힘이 드는 것일까? 이쪽저쪽으로 뒤척이면서 뿜어대는 숨소리에 내심 놀라지 않을 수 없었다. 분명 남편의 몸 중 어느 한 부분이 안 좋은 것 같다는 생각이 불현듯 들었다. 정말 나는 아내로서 남편을 위하여 무엇을 했는가? 가책 섞인 질문이 끝없이 이어졌다.

날이여, 어서 빨리 밝아다오. 서둘러 남편의 건강 진단을 해 봐야겠다는 생각에 미치자 잠은 내게서 더더욱 저 멀리 달아난다. 오로지 어려운 현실 속에서 사업에 일념을 다하느라 정작 자신의 건강을 살필 겨를이 없던 남편이 아닌가. 아니, 우리 두 사람 다 자신들의 건강을 돌아볼 여유가 없었다. 자리에 눕기 무섭게 누가 업어 가도 모르게 깊은 잠에 빠져드는 나. 그리고 낮밤 따로 없이 무거운 짐에 허덕이는 우마(牛馬)의 헐떡임 소리를 내는 그. 나는 나도 모르게 혼잣소리, 아니 들어줄 리 없는 남편을 향해 밤의 맹세를 했다.

"여보, 정말 미안해요. 나 같은 아내는 정말이지 자격이 없네요. 그저 일밖에 모르고 앞만 보고 질주하면서 뭔가 성취해야 한다는 생각만 하면서 장거리 마라톤 선수와 같이 쉬지 않고 경주하는 심정으로 고통을 감수하면서 여기까지 달려왔네요. 오늘 저녁 한 잔의 진한 커피 때문에 밤잠을 이루지 못한 이 밤이 없었다면 내 어찌 짐작이나 했을까요. 당신께 향하는 나의 간절한 마음을 전하네요. 앞으론 정말 당신을 챙기며 아끼며 사랑하는 착한 아내가 될 것을 약속합니다. 그간 당신의 마음에 차지 않았던 저를 용서해 주고 지켜봐 주세요. 당신께 없어서는 안 될 소중한 아내, 아이들에게는 좋은 엄마가 되겠습니다."

올벼신미

오늘은 오롯이 나만을 위해, 아니 내 가족을 위해 시간을 쓰기로 작정을 했다. 그동안 일을 핑계로 걸핏하면 집을 비웠던 것이 어머니께 미안하고 죄송하여 새벽시장을 찾았다. 시어머니께서 평소 즐겨 드시던 오리를 한 마리 구입하러 갔다.

갑자기 추워진 날씨에 손이 시려 어찌 할 바를 모르겠다. 어제가 입동(立冬)이었다는 게 실감이 나는 추위다. 입동 값을 제대로 하는 건가. 코끝이 맹맹하고 오슬오슬 한기마저 든다. 이제부터 슬슬 겨울 채비를 해야 하나. 엊그제만 해도 온 대지에 훈훈한 봄바람이 불어 새싹을 틔우고 산야 가득 반짝이는 잎사귀들이 춤을 추지 않았던가. 쉼 없는 주야의 반복과 변화 속에 지난여름 혹독한 열대야로 고통스런 날들이었는데 가을은 너무 짧기만 하다.

어느새 겨울의 길목에 접어들어 우리의 옷깃을 여미게 하니 새삼 세월의 무상함을 또 한 번 느끼게 한다.

이때쯤이면 가을걷이도 끝나 바쁜 일손을 한시름 놓고 조금은 숨을 돌리는 시기다. 나는 지난 유년의 추억 한 페이지를 더듬어 본다. 우리 집에서는 추석을 지내기 전 해마다 올벼신미를 했었다. 한 해의 무탈한 농사에 감사를 드리는 마음으로 새로 지은 벼농사 올벼쌀로 밥을 짓고 나물이며 생선과 고깃국을 끓여 온 동네 분들을 초대하여 거나하게 잔치를 열었던 훈훈한 옛적의 기억이 새롭기만 하다. 넓은 마당에 멍석을 깔고 정성껏 차린 잔칫상을 펼치고 우리 아버지께서 좋아하시는 막걸리를 곁들여 파티를 벌이니 얼마나 흥겨운 일이었던가. 어머니께서는 양푼에 햅쌀밥을 퍼 담아 잔치에 도움을 주신 아주머니들에게 한 양푼씩 가져가도록 넉넉한 인심을 베푸셨다. 집 마당에서 벌이는 추수감사제라고나 할까. 그해 농사의 풍년에 감사하는 동시에 이듬해에도 그렇게 풍작이 되기를 기원하는 것이다. 이런 예는 남도지방에서만 볼 수 있는 일종의 추수의 감사 의례로 곳에 따라 '올이심리' 또는 '올해심리'라고도 한다.

올벼신미를 하시던 날, 그렇게 너른 마당을 주름잡으시며 사람 대접에 음식 준비에 동분서주하셨던 어머니, 이제는 병마에 시달려 거동마저 불편하시니 인생의 가을, 겨울 초입을 넘어 혹독한 동절기에 들어서신 처지 아니신가. 입맛도 잃으신 지 오래인 당신은 즐겨 드시던 음식들에도 시큰둥한 반응을 보이신다. 그런 어머니 모습을 지켜보자니 마음이 서늘해진다. "무엇보다 확실한 것은 네가 떠난다는 사실이요, 불확실한 것은 네게 닥칠 그날이 언제인지 모른다는 것이다."는 티벳의 경구처럼 비록 저런 모습일망정 당신을 언제까지 뵐 수 있을는지 그저 송구하고 송구하다.

오후에는 오랜만에 하는 딸아이와 데이트를 하기로 약속했다. 서로 바쁜 시간을 쪼개 살다 보니 마음뿐 그동안 변변한 동반 외출조차 할 수 없었다. 롯데 아울렛에 갔다. 여기저기 아이쇼핑을 하다가 딸은 겨울용 코트를 고르더니 내 생일 선물이라고 꼭 입으란다. 괜찮다, 몇 번 사양하다가 마침 이런 거 하나 있었으면 하던 차 잘되었다 싶어 딸의 성의를 기꺼이 받아들이기로 했다.

옷감에서 포근히 전해오는 온기가 엄마를 향한 내 딸아이의 마음처럼 훈훈하다. 아이들을 키우며 사업을 하느라 종종거리며 노심초사하던 지난날이 스친다. 다행히 내 아이들은 별다른 반항의 시기도 없이 순탄하게 자라주었다. 하지만 크던 작던 사업체를 운영하기가 그리 만만한 일이던가. 때론 아슬아슬 곡예를 부리는 심정을 맛보게 했다. 졸지에 매서운 파도가 몰아치기도 했고 메마른 들판에 홀로 선 듯 고적한 처지에 빠지는 순간도 있었다.

어느덧 내 생이란 들판에 심은 알곡들이 결실을 맺는 시점이랄까. 이제는 소슬한 갈바람마저 그저 감사히 받아들이는 여유가 생긴 것이다. 언제까지나 내 곁에 머물 것만 같던 아이들은 모두 짝을 만나 인연을 맺고 내 곁을 떠났다. 내가 결혼하며 당신 곁을 떠나던 날의 어머니의 서운함과 후련함과 쓸쓸함을 짐작하게 된 날들이다. 추수 끝낸 가을 들판처럼 호젓하고 후련한, 드디어 자신에게 눈을 돌리는 시간이 된 것이다. 지난날 부모님께서 걸었던 가을걷이 끝낸 텅 빈 들판에 선 농부처럼 겸손히 고개 숙이며 옷깃을 여미게 된 것이다. 자투리 시간을 할애해 딸아이와 함께 하는 바로 이런 날들이 내게는 생의 올벼신미 잔칫날이리라.

삶이란 이름의 열차

올해는 기해년, 육십갑자에 따라 60년에 한 번씩 돌아오는 36번째 해로 특히 이번 기해년은 황금돼지의 해란다. 혈액형으로 사람의 성격을 짐작하듯 열두 개의 띠마다에 저마다의 특성을 붙인다. 쥐띠에게는 영특함을, 소띠에게는 우직한 근면성을, 호랑이띠에게는 강인한 용맹성을 부여한다. 맨 마지막인 돼지띠에게는 앞에 장애물이 있어도 저돌적으로 돌진하며 목표를 달성할 때까지 꾸준히 밀고 나가는 끈질긴 면이 있다고들 한다.

본디 상형문자인 집 가(家) 자의 형상이 돼지가 새끼들에게 젖먹이는 모양새를 본떠 고안된 글자라던가. 그래서인지 돼지띠들은 인간관계도 침착하여 상대를 이해하며 살기 때문에 주위에 이웃이 많다고도 한다. 그래서 돼지띠 여성은 무슨 일이든 철두철미한 기질을 타고나 자상한 엄마의 역할, 아내의 역할을 충실히 하는 성실함 뿐만 아니라 마음이 따뜻하고 부지런하여 모든 일에 복을 불러온다고 돼지해에 딸이 태어나면 집안에 복을 짓는 띠라고 좋아했단다.

그 돼지의 해, 그것도 황금돼지해를 맞으니 은근히 좋은 일이 있을 것 같은 예감이 든다. 해마다 새날 새 아침이 주는 신선한 기대감도 한 몫, 새로운 각오로 마음을 다잡는 정비 차원에서 새해맞이 산책을 택했다. 보은산 돌계단을 숨차게 올라 펼쳐진 강진만과 모란공원의 여기저기를 돌아본다. 가칭 몽마르뜨 언덕이라 명명된 강진의 명소가 모란공원, 이곳에서 새해맞이를 하는 것도 의미가 있으리라.

뒤돌아보면 내게도 삶이란 언제나 즐겁고 행복하지만은 않았다. 굽이마다 남에게 차마 말도 꺼내지 못할 우여곡절도 있었고 입가에 미소 짓게 하는 흐뭇한 일보다는 나를 고달프고 힘들게 하는 일들이 쉼 없이 나를 따라다녔다. 내 옹졸한 개인사가 이러할진대 더 넓은 세계의 역사는 얼마나 파란만장한 일들이 벌어질까. 차라리 이 세상에 존재하지 않았으면 하는 예기치 못한 일들, 그러니까 이슬람들이 벌이는 종교 갈등 같은 것들이 항상 빈번하게 일어나 세계인들을 충격으로 몰아넣는다. 미국에서 자주 일어나는 총기난사 사건들과 사이코패스들의 인간을 향한 무차별 공격이나 요즈음 우리나라에서 이슈가 되고 있는 성폭력 사건들 우리의 마음은 편할 날이 없다. 그뿐인가. 최근 인도네시아에서 뿐만 아니라 지구촌 곳곳에서 벌어진 지진이나 자연환경 파

괴로 폭우와 폭설, 토네이도 같은 환경 재해들로 과히 지구는 몸살을 앓고 있다.

자기 유익만 추구하고 남의 것을 빼앗기 위한 나라들의 경제 전쟁 또한 치열한 싸움터다. 시비를 걸어서라도 남의 것을 자기의 것으로 만들고자 하는 인간들의 탐욕, 그것이 극에 달한 추악한 행태가 언제나 매스컴을 달군다. 정말 말세요, 혼돈의 세계다. 겉으로는 세상에서 존경받던 사람들의 허물이 벗겨져 그들의 파렴치한 실상이 세상에 낱낱이 들통 나는 일들도 빈번하다. 영웅이 없는 시대, 아니 존경할 만한 큰 인물이 없는 살벌하고 참혹한 시대다.

커피를 마시기 위해 들어간 찻집에서 텔레비전을 통해 접한 너무나 안타까운 소식이다. 서울대병원 정신과 병동에서 일어난 사건이란다. 병원을 찾은 30대 환자가 진료를 받는 도중 갑자기 돌변하여 40대 의사를 살해한 사건이 발생한 것이다. 연말, 그것도 올해의 마지막 날이다. 게다가 5시 40분경이라면 퇴근 시간에 이르는 시각, 그날의 진료를 마치는 시간이 아닌가. 무방비 상태에서 생명의 위협을 느낀 의사는 그 자리를 피하려 했지만 속수무책이었단다. 졸지에 벌어진, 그것도 상식 밖의 무차별 공격에 그 어떤 방어도 하지 못하고 결국 운명을 달리할 수밖에 없었다니 이런 어처구니없는 사건을 우리는 어떻게 받아들여야 할까. 요즘 들어서는 하늘과 사람이 함께 노한다는 천인공노(天人共怒)할 일들이 너무도 흔하게 벌어진다. 가까이는 사람을, 저 멀리는 하늘을, 그러니까 하나님을 두려워 할 줄 모르는 시대를 우리는 살고 있는 것이다. 성경에 이르기를 "한번 죽는 일은 정하신 일이요 그 후에 반드시 심판을 받으리라" 하셨는데 우매한 인간들은 그것을 생각하려 하지 않는다. 하나님 앞에 서는 날, 자신의 모습을 생각하는 사람이 보이지 않는 실로 겁 없는 세상이 되었다.

어른들의 충고는커녕, 요새 사람들은 자기가 듣고 싶어 하는 말만 듣고 싫어하는 말은 도대체 귀에 담지 않으려 한다. 인간들은 자신을 빚어주신 신을 닮아가는 노력은커녕 갈수록 추태를 보이며 죄악의 열매를 맺고 있는 것이다. 하나님은 심판의 날을 갈고 있지만 인간은 두려움을 모른다. 이는 마귀와 한패로 사는 인생이기 때문이다. 그리스도인은 달라야 한다. 지도자들이라고 해서 교만하게 권세를 부려서도 안 되고 연약하고 가진 것 없다고 무례를 범하는 죄를 지어서도 안 된다. 마지막 때에 하나님의 심판의 날을 피하지 못할 것이기 때문이다. 인간이란 열차는 마구잡이 탈선을 감행하며 달린다. 지금 자신이 선로를 벗어났다는 것조차 인식하지 못하고 있는 위태하기 짝이 없는 형국이다.

언제 전복될지 모르는 겁 없는 인생은 세상에서 누리는 것으로 만족할지 몰라도 소망이 없다. 세상의 것들은 하나님이 부르시는 날 모두 놓고 가야 하며 그 후에는 반드시 심판을 받을 것이기 때문이다. 벽두부터 마주친 불미스런 사건에 돼지해, 그것도 황금돼지해 첫날의 커피가 유독 쓰다. 하지만 기해년의 열차는 저마다의 새로운 희망을 품은 삶을 싣고 출발했으니 제발 올해만큼은 모두가 제 선로를 직시해 끝자락 열차가 당도할 역까지 안전한 주행을 하기를 간절히 기원해 본다.

여유 있게 살아가기

광주에 일이 생겨 시외버스 터미널에서 긴 줄을 서서 기다리는 중이었다. 그런데 할머니 두 분이 끼어들기를 하는 게 아닌가. 체면상 느긋이 참고 있는데 아뿔싸! 하필 승차구에서 나를 포함해 세 사람이 커트를 당해 다음 차로 밀려나는 처지에 놓였다.

"여기부터 자릅니다."

그 두 노인네들이 아니었으면 나는 무난히 탈 수 있는 여건이었는데 생각할수록 억울했다. 내 앞에 서 있던 젊은이는 일찌감치 포기하고 돌아선다. 약속 시간이 임박한 지라 입석이라도 승차만 시켜 달라는 내 통사정에도 돌아온 것은 안 된다는 냉혹한 답변이다. 억울하지만 어쩔 수 없게 되었다. 도착 시간에 맞춰 진월동에서 지인이 기다리기로 미리 약속이 되어 있는데…. 그런데 막 출발하려는 간발의 순간에 일어난 기적이다. 체크하시던 분이 한 좌석이 비어 있다며 타라는 손짓을 하는 게 아닌가! 겨우 얻어 탄 승차의 기회가 뜻밖의 횡재처럼 반갑기 그지없다.

안도의 한숨을 쉬며 제일 뒤 칸 구석진 곳에 자리를 겨우 잡았다. 선거 치르기보다 더 어려운 커트라인을 통과한 오달짐도 잠시, 뒷좌석 높은 곳에서 내려다보니 뒤에서 네 번째 칸 한 좌석이 비어 있는 것이 보였다. 옆에 앉은 젊은 친구에게 "저기 네 번째 줄 한 칸이 비어 있지요?" 물었다.

"가서 보세요!"

짤막한 답변에 내 질문을 잘못 들은 줄 알고 재차 물으니 "직접 가서 확인해 보시라니까요!"라는 시큰둥하고 싸늘한 답변에 순간 가슴 저 깊은 곳에서 뜨거운 김이 훅! 하고 올라왔다.

세상이 제아무리 험한들 이럴 수가 있을까. 말에 돈 드는 것도 아니고 이왕이면 더 좋은 말도 많이도 있을 터인데 칼질도 아니고 막대기 부러뜨리는 것도 아니고 너무도 냉정하고 차가운 반응에 가슴이 턱 막혔다. 발끈하던 열이 식고 곰곰 생각하니 틀린 말은 아니다. 가서 직접 확인해 보라, 달리는 차 속에서 내게 묻지 말고 당신이 직접 가서 확인해 보라는 말은 지당하고말고. 하지만 나는 이미 그 젊은이에게 가차없이 후려친 점수로 속 평가를 내린 후다. 이목구비 수려하고 듬직하고 멋진 외모였지만 인간성은 제로인 젊은이라고.

광주로 가는 내내 속이 편치 않다. 기분이 상하는 것은 물론이요, 여러 가지 상념이 왔다 갔다 한다. 저놈은 가정에서 부모님께 무엇을 배웠을까? 그래도 제 부모는 자기 아들이 세상에서 최고라고 자부하고 있겠지. 세월이 무겁게 얹은 나이 탓일까. 젊은이들에게 봉변을 당한 후면 그 부모를 생각하며 공연히 일면식 없는 그 사람들 탓까지 하게 된다. 오늘은 더 나아가 입꼬리까지 삐죽이며 속열을 올린다. 버스 뒷좌석에 앉아 젊은이 부모들의 변변치 못한 가정교육, 가정환경까지 들썩거려가며 원망은 꼬리에 꼬리를 물고 달음질친다.

문득 내 아이들에게까지 생각이 미친다. 과연 내 아이들은 어른들 대할 때 어떤 행동 어떤 모습으로 대응할까? 부모는 아이들의 거울이라 했으니 아이들의 행동거지의 책임은 전적으로 그 부모에게 있다. 최근 전 대한민국을 달군 희대의 살인마 이춘재의 어머니의 말도 떠오른다. 모든 사람이 저주의 손가락질을 하는 상황에 이르러서도 그녀는 “춘재는 어려서부터 속 한 번 썩인 적 없고 이 어미의 힘든 농사일도 잘 도와준데다 가 용돈을 줘도 도로 내 손에 쥐여준 착한 놈이라우.” 했다던가. 자식이 저지른 참혹한 죄상 앞에 유구무언(有口無言), 무조건 무릎을 꿇고 피해자에게 백 배 천 배를 올리며 용서를 빌어야 하지 않았을까.

갈수록 노염만 늘어나는 게 노인인 걸 모르는가. 한 치 배려의 여유도 없이 퉁명스레 가차 없는 반응을 보인, 우연히 동석한 젊은이를 향한 하찮은 서운함이 짓누르는 무게가 만만찮다. 침울한 가슴을 애써 다독인다. 어쩌면 젊은이에겐 오늘따라 무언가 잘 풀리지 않았는지도 모른다고, 내가 먼저 여유롭게 생각했으면 될 것을. 이런저런 애꿎은 생각의 줄기를 부여잡고 있는 사이 버스는 무사히 목적지인 광주에 도착했다.

달빛을 등불 삼아

총총 볼 일을 마치고 차표를 사 버스를 기다리고 있었다. 바삐 서둘다보니 그날도 아침도 그냥저냥, 점심은 어디서 혼자 먹을 수도 없어 별수 없이 건너뛰었다. 어느덧 해가 질 무렵, 나도 모르게 배고프다는 소리가 입에서 절로 나올 정도로 허기가 몰려왔다. 내 혼잣말을 들으셨던가. 곁에 앉아 차를 기다리시던 어르신께서도 "나도 배고프요." 하셨다. "빵이라도 하나 사다 드릴까요?" 내 말에 아침에 나오면서 김밥 두 덩이를 싸가지고 오셨단다. 그렇지만 어디 여기서 먹겠느냐며 망설이신다. "그럼 제가 가려 드릴 테니 드실래요?" 했더니 차에 가면서 먹겠다며 사양하신다.

병원에서 진료를 받고 약 타 가지고 집에 가시는 길이라고, 이런저런 대화를 나누는 도중 그분의 전화가 울렸다.

"나다, 지금 버스 타러 차부에 왔다. 이따 시간 맞춰 나오니라 잉."

정이 뚝뚝 돋는 말씨에 정감이 흐른다.

"누구예요?"

"아들이요."

"효자네요."

이런 단답형 대화가 얼마나 오갔을까. 줄줄 풀어놓는 어르신의 과거사에 내 눈시울이 젖는다.

"큰아들이 사업하다 삐꺽하여 촌에 내려와 같이 살고 있소. 우리 막둥이가 그동안 엄마 고생하고 살았다고 2층으로 집 지어줘서 크나큰 집에서 살고 있어라우. 서른아홉에 혼자되어 한 많은 세상을 눈물로 보내면서 남편이 죽으면서 남겨준 배 한 척으로 아들 셋에다 딸 하나를 키워냈소. 이번에 아그들이 엄마 생일이라고 내려온다고 하니 나는 극구 말렸소. 오지마라 잉. 돈 들어간다. 경비 들어가는데 뭐하려 오냐. 오지 마라. 느그 엄니 잘 묵고 잘 있어야. 전번 날은 시장 갔더니 싱싱한 생선을 보니 새끼들 생각이 간절해서 돔 세 마리 사서 소금 조금 뿌려서 말렸다가 그것만 보내기 그래서 몇 가지 반찬 만들고 고추장, 게장 좀 만들어 보내고 보니 또 다른 놈이 걸려서 자식들 모두에게 똑같이 만들어 보냈소. 그것이 어미 마음이지 뭣 이것소 잉."

굽이굽이 넘겼던 인생 고비, 그 길의 고단함이 스치셨을까. 긴 한숨을 푸욱 내쉬더니 말씀을 이어가신다.

"아들이 전문대 나오고, 막내아들이 고3때 '엄마, 나도 대학교 한번 가고 싶네. 엄마, 요즘 세상에는 가스나들도 다 대학 간다네.' 통사정을 안하요. 아야 이 속없는 아그야 뭣을 가지고 대학교를 갈 것이냐, 몇 날 며칠 볶이다가 정 그러면 시험이나 한번 봐라, 그랬더니 조선대학교에 딱 붙어 부렀소. 우리 형편에 어떻게 사립학교 가겄냐 그래서 송원대에 건축과를 나와서 건설업을 하면서 형들도 다 데려가서 잘하고 있다요."

이 대목에선 눈빛이 빛나며 말씀에는 잔뜩 힘이 들어갔다.

"어버이날에 또 온다고 하니 오지 마라, 돈 들어간다, 경비 들어간다. 한 많은 세상을 눈물로 보내면서 쌓인 스트레스를 어느 누구에게도 말도 못하고 사는 세상이었소. 배를 노 저어서 바다 한가운데 가다보면 하늘에 달은 휘영청 떠 있고, 이 세상에 나 혼자인 것 같은 서글픈 마음, 하늘이나 알고 땅이나 알 내 신세, 혼자 넋두리하다 통곡하고 울다가 그렇게 날이 가고 달이 가니 세월이 흘러 울며불며, 서러운 신세 한탄하면서 갯것을 몽땅 해서 광주리에 쓸어 담아 너무도 무거우니 뒷걸음질해서 끌고 겨우겨우 뭍으로 나오면 그대로 바닥에 쓰러지기 몇 번, 숨 끊어질 듯 기진맥진한 판이 한두 번이 아니었어라우. 나도 여자인데 멋진 남자 보이면 눈 뜰 수도 있었지만, 이 새끼들 먹여 살리려면 내가 헛생각을 안 해야 한다고 스스로 채찍질하고 달래면서 눈을 질끈 감았소. 아그들이 아직 어리니까 집에다 두고 바다 일을 나올 수가 없어 바닷가에 모기장 치고 아그들을 모래밭에 남겨

두고 바다에 갔다 돌아오면 바닷물에 빠져서 뒹굴다가 자는 놈 모기에 물려서 온통 얼굴이 아문 곳이 없는 꼴을 보면 가슴이 미어집디다. 바닷물에 비추는 달빛을 등불 삼아 매일매일 갯것을 하고 돌아와야 하는 이런 기구한 운명이 어디에 또 하나 있을까라우?"

자식 자랑 틈틈이 고명 삼아 뒤섞이는 신세 한탄, 그리고 반문하듯 해 오시는 그분의 질문에 나는 그 어떤 대답도 선뜻하지 못했다.

"겨우 아홉 살 나이에 엄마를 잃고 열아홉에 시집와서 식구는 많은데다 새벽에 일어나서 보리방아 찧어 밥을 지으라는 시어머니 엄명에 꼼짝없이 순종해야 했소. 세상에 며느리가 아니라 자기 딸 같으면 그랬겄소. 잠 좀 더 자라고, 차라리 내가 하고 말제."

일방적 쏟아놓는 이런 넋두리 사이사이 그분의 주름진 손을 만져주며 나는 몇 차례를 잡고 울기를 반복했다. 처음 만난 분이었지만 세상 어머니들의 공통점을 다 가지고 계시는 한 여인의 삶이 너무도 안타까워 눈물짓다 그분의 주소와 전화번호를 적었다. 이윽고 버스 전광판에 불이 들어왔지만 헤어지기 아쉬워 우리는 몇 번이고 손을 놓지 못한 채 안타까이 재회를 기약하며 서로의 갈 길을 향해 묵묵히 헤어졌다.

몇 개월이 흘렀을까. 문득 떠올라 전화를 드렸더니 어디어디 돌아오면 큰 전봇대 있는 그 앞 2층 집이 당신 집이라고 꼭 한

번 다녀가란다. 나는 굳게 약속을 했다. 조만간 한번 찾아뵙겠다고. 오늘은 유난히 그 할머니 생각이, 아니 애면글면 당신의 진부를 바쳐 우리 자식들을 올바르게 길러내신 어머니들 생각이 간절하다.

『전남수필』 2020. 9.

마로니에공원

봄 시샘이라고나 해야 할까. 변덕스러운 날씨에도 도처에선 서로 시새워 벙그러진 꽃들이 개화하여 우리의 눈을 사로잡는다. 봄을 봄이라고 명명한 까닭은 '모든 만물을 새로이 본다는 의미'라고 했다. 새로운 계획들의 설계도를 좌르륵 펼치기 좋은 계절이 봄이다. 해서 옛사람들이 이르시기를 "하루의 계획은 새벽에 도모하고 한 해의 계획은 봄날에 세운다"고 했다. 봄꽃들이 다투어 꽃망울을 터트리는 춘절(春節), 새로운 도약을 꿈꾸는 강진군에서도 강진 美 4대 핵심 3030 프로젝트를 추진하고 있다.

강진군이 그동안의 낡은 옷을 벗고 눈부신 새 옷으로 갈아입는 것이다. 강진군 전 지역에 생태 자연환경에 알맞은 다양한 수종의 꽃과 나무를 식재해 강진 고유의 지역적 특성을 반영한 경관 조성을 필두로 강진만 주변을 집중 개발하여 4계절 내내 꽃이 피는 아름다운 강진으로 탈바꿈시킬 계획도 세웠다. 맨 먼저 마로니에 숲 공원 조성이나. 며칠 전 마로니에 나무 150주가 식재되었다. 모 독지가의 일천만 원을 시작으로 헌수금 모금에 더욱 박차를 가하고 있는 것이다. 물 맑은 탐진강과 강진만의 100리 생태길, 다산화사 꽃길, 풍경정류장과 민간 주도로 추진 중인 강진 초입의 호수공원에 조성될 마로니에 숲 공원으로 이어질 강진 특유의 감성 여행이 어찌 매력적이지 않을까. 벌써 그 기대감으로 설렌다.

한반도 남도 끝자락의 자연이 주는 화사한 정경들이 빚은 빛깔과 청아한 소리로 우선 눈과 귀를 유혹한다. 그리고 남도의 빼어난 맛깔로 여행객들의 코와 혀끝에 깊은 추억을, 마지막으로 따뜻이 잡아주는 강진인의 손길이 주는 촉감이 여행객들에겐 멋진 남도여행의 화룡점정이 되기에 부족함이 없으리라. 또한 '가고 싶은 섬 가꾸기' 사업 공모에 선정된 가우도에 대한 기대가 그 무엇보다 크다. 뒤이어 명실상부 강진의 감성여행 랜드마크 역할을 담당할 오감누리타운도 가슴을 설레게 한다. 농림축산 식품부와 중소기업청의 국비 지원 사업으로 강진읍 시장 맞은편에 조성 중인 다양한 커뮤니티 공간이 오감누리타운이다.

음악 창작소 최첨단 기기가 설치된 녹음실과 연습실, 그리고 음악인들이 머물 게스트룸까지 마련된 그곳에선 멋진 실력을 지닌 언더그라운드 가수들과 인디밴드들이 상시 공연을 펼친다. 그 야외무대에선 관람객들도 출연자가 된다. 빼어난 실력의 예술인들뿐 아니라 지역민들, 그리고 강진을 찾은 관광객 모두가 함께 어우러져 즐기는, 그야말로 멋진 무대를 체험하는 잊지 못할 추억을 새기는 기회가 마련된 것이다.

그뿐 아니다. 대한민국 맛의 정수는 남도에, 그것도 강진에 있다는 말을 실감하지 않을까. 다양한 먹거리 장터와 한정식 체험관 코스가 그것이다. 선조들의 멋과 여유가 스민 각종 전통놀이를 즐기는 마당도 준비되었으니 남도 문화와 맛의 진수를 맛볼 수도 있다.

강진은 감성 여행의 첫 손가락 지명으로 꼽기에도 부족함이 없다. 하지만 이 코스는 우리의 인문학적 지성을 자극하리라. 다산 정약용 선생의 목민철학을 엿볼 초당, 검붉은 모란꽃 벙그러져 남도를 찾은 나그네의 시심을 자극할 영랑 생가, 청정한 시의 시냇가로 안내할 시문학파기념관, 그리고 사의재와 백련사다. 특히 백련사에는 '해동의 서성(書聖)'이라고 일컬어지는 통일신라시대 김생의 필적이 전한다. 1200여 년 전의 필적이 남아 있다는 것이 믿기 힘들지만 전해 내려오는 이야기는 자못 진지하다. 백련사의 승려는 누(樓)의 남쪽의 돌계단을 가리키며 "이 역시 신라시대에 만든 것으로 잡석을 쌓은 것인데 면이 깎인 것 같습니다. 대개 절에 삼절(三絶)이 있다고 하는데 김생의 글씨와 서원의 동백나무, 그리고 돌계단이 합하여 셋이 됩니다."라고 하였다.

백련사에 머문 김생의 글씨와 붉은 동백숲, 그리고 세월에 깎인 돌계단에 취해 머리와 눈과 귀가 어지간히 지칠 무렵, 읍시장을 거쳐 마지막 코스로 매김 될 오감누리타운이 오는 5월 개관을 앞두고 있다. 이렇듯 내방객들을 사로잡을 강진의 새로운 명소 일번지가 될 오감누리타운과 마로니에 숲 공원! 그 시너지 효과는 강진 전역으로 퍼져 지역경제 활성화와 문화의 새바람을 불러일으키리니 강진의 꿈들이 툭툭 꽃망울 터트리는 이 눈부신 봄날이다. 그 봄날이면 문득 생각나는 이런 노래를 우리 다 함께 불러도 좋으리라.

지금도 마로니에는 피고 있겠지
눈물 속에 봄비가 흘러내리듯
임자 잃은 술잔에
어리는 그 얼굴
아 청춘도 사랑도
다 마셔버렸네
그 길에 마로니에 잎이 지던 날
루루루루 루루루루루루루
루루루 루루
지금도 마로니에는 피고 있겠지

4

문학의 길

춘삼월 늦봄 살구꽃 한창 곱게 피어 따사로운 바람 산들산들 불어와 코끝을 간지럽힌다.

언리지

겨우내 얼었던 대지를 촉촉이 어루만지며 따스한 훈풍의 계절을 재촉하는 반가운 봄비가 내린다. 보슬비 내리는 창밖을 지켜보니 지나간 이야기 한 토막이 생각난다. 인생이 아름다우려면 몇 가지 조건이 있어야 한다며, 그 중에 한두 가지 언급하자면 '최후에는 비극이 있어야 한다'고도 했고 '무덤까지 가지고 가져갈 비밀스런 로맨스가 있어야 한다'는 말도 있다.

우리 문학단체 총회를 마치고 한 회원이 자기 마을 이야기를 해 주었다. 마을에 초상이 났는데 상여굿을 보고 온 아들이 자기 엄마한테 "엄니여이 오늘 ㅇㅇ양반 상여 내가는디 먼일인가 아조 눈물이 나서 얼마나 울었네이" 하니 "워따워따 내새끼야 그라ㄷ냐? 인자 죽었은께 말이제 실은 ㅇㅇ양반이 니 아부지여야." 하더란다. 이거야말로 비극 중 비극이요 무덤까지 가져갈 비밀이 아닌가?

무덤까지 가져갈 비밀을 속없는 어매 무망중에 헛소리를 하고 뒷감당을 못해 안절부절못하더란 이야기이다.

이런저런 생각에 시달리는 춘삼월 늦봄 살구꽃 한창 곱게 피어 따사로운 바람 산들산들 불어와 코끝을 간지럽힌다.

물끄러미 비 오는 창밖을 내다보며 빠지는 상념 속에 떠오르는 풍경 하나. 어느 해 벚꽃 흐드러지던 봄날 남편과 함께 찾았던 보성의 대원사에서 만났던 나무다. 두 그루가 한데 어우러져 마침내 한 그루가 된 이름하여 연리지, 유난히 금슬이 좋은 부부를 일컫는 지칭어이기도 하단다. 서로 뿌리가 다른 나뭇가지들이 세월과 함께 서로 엉켜 마치 한 나무처럼 자라는 것으로 원래는 효성의 지극함을 나타내는 단어였으나 지금은 남녀 간의 사랑, 그것도 깊은 부부애를 뜻하는 말이 되었다고 한다. 그 출처는 백거이의 장한가이다.

헤어질 무렵 은근히 거듭 전하는 말이 있었으니
그 말에는 둘이서만 아는 맹서가 들어 있었지
칠월 칠석 장생전에서 깊은 밤 남몰래 속삭인 말
하늘에서는 비익조가 되고 땅에서는 연리지가 되자
장구한 천지도 다할 때가 있지만
이 한은 면면히 끊일 날 없으리라

장한가는 현종과 양귀비의 슬프도록 아름다운 사랑의 이야기다. 현종이 양귀비를 만나 서로 사랑을 나누다가 안녹산의 난으로 양귀비가 죽자 밤낮으로 양귀비를 그리워하며 창자가 끊일 듯 괴로워하는 현종의 고독한 심사를 읊었다.

요즘 시대야 어디 그런 인연을 찾아볼 수나 있는가. 상대에 대해 깊게 생각할 겨를이 없다. 순식간에 달아오른 두 사람의 뜨거운 열정을 누가 막을까. 금세 끓어올라 부글부글 넘치는 냄비 근성이라는 지적이 맞춤하다. 하니 사랑의 단꿈도 짧다. 생판 다른 두 사람이 만나서 함께 사는 과정에서 필수적으로 생기기 마련인 크고 작은 트러블에 태클이 걸린다. 그래서 결혼신고서의 잉크가 채 마르기도 전에 미련없이 갈라서는 커플이 적잖은 세태에선 부부란 언제나 멀찍이 거리 둔 두 그루의 나무들일 뿐이다.

우리의 만남을 더듬는다. 유난히 말수 적은 성실한 청년과 형제 많은 농가의 장녀인 처녀였다. 아내의 말이라면 귀를 기울여 주는 남편의 깊은 배려심에 맏딸은 살림 밑천이라는 말처럼 매사 똑부러진 성격의 나. 우리는 그저 행복하기만 했을까! '연작불생봉'이라고 제비가 어찌 봉황을 얻으랴. 만인이 우러르는 봉황까지는 아니라도 부모는 자식들의 거울이려니, 매사 노심초사 조심스런 마음으로 세 아이들을 길렀다. 우리는 최선을 다했다고 자부하지만 우리 부부라고 어찌 풍파가 없었으랴. 단지 그 어떤 파도가 거세게 밀려와도 서로에 대한 굳은 믿음은 튼실한 버팀

목이었다. 굽이굽이 두 사람 힘을 합쳐 세파를 헤치고 이윽고 안착한 안전한 연안이 아이들과 우리의 안락한 가정이었다. 어쨌든 그 바람대로 삼 남매 아이들도 나름대로 올바른 가정을 이루었으니 매일매일 올리던 간절한 기도의 보람을 이룬 셈이다.

이제는 우리 두 사람 그동안 죄어 왔던 삶의 고삐들을 느슨히 풀어도 좋으리라 여겼다. 그런데 바삐 치닫는 일상에서 생, 노, 병, 사 그 엄격한 수순을 잠시 망각했던 것일까. 혈색 밝던 얼굴, 윤기 나던 머리에 허옇게 서리가 내리고 주름진 얼굴로 변해 낯설어 때때론 마치 한겨울 모조리 잎 떨군 나목을 접한 듯한 혼돈에 휩싸인다. 며칠 전 대구에 교육이 있어 고속도로를 달리는데 메타세콰이어 가로수가 즐비하게 들어섰다. 그런데 일부 구간의 그 큰 나무를 몽땅 벌거숭이를 만들어 가지를 쳐놓은 걸 보니 더욱 가슴이 답답해져 옴을 느꼈다. 그러다 문득 '나'라는 나무의 가지에 얽힌 '남편'이라는 가지들이 보였다. 내 가지인지 남편의 가지인지 구분이 불분명해 인력으로는 분리불가한 연리지 한 그루다.

안개비에 내 마음도 젖고

결혼 후 채 한 해도 되지 않아 살던 집이 팔리고 말았다. 하루아침에 오갈 데 없는 신세가 된 것이다. 억지춘향이라던가. 궁여지책, 다 쓰러져 가는 오막살이 집을 구해 마마로 얽은 얼굴에 연지 찍고 분 발라 단장하듯 겨우 엉덩이 들이밀 꼴새를 갖춰 간신히 이사를 했다.

지금 생각해도 아픔과 고통의 산을 넘고 물을 건너 흘러흘러 온 세월이 아닐 수 없다.

그 시절 해 묵힌 정부미 보리쌀 눌러진 거 섞인 80kg짜리 쌀 한 가마를 외상으로 들여놓고서 한숨 돌리기도 바빴다. 당시 먹성 좋은 나이의 시동생들 몇 명, 기술자들 서너 명 북적대는 형편인데 하필 장터에 살았기에 그런 사정을 알 리 없는 친척들은 장날이면 하나 같이 우리집에 들러서 점심을 해결했다. 그러니 외상 쌀값 갚기도 전에 쌀독은 동이 날 수밖에 없다. 특별히 한창때인 직원들은 밥통으로 한 개씩은 밥을 먹는 듯했다.

산전수전(山戰水戰)에 이어지는 공중전(空中戰)이라더니 그 척박한 환경 속에서도 절대로 기죽지 않고 버티는 비결은 무엇이었을까. 단 한 번도 좌절하지 않고 오로지 성실함만을 무기 삼아 앞만 보고 질주한 우리는 저 밑바닥부터 출발했지만, 차근차근 자신의 일터를 키워나가 천신만고 끝에 다 쓰러져 가는 집 자리에 천년만년 살 것처럼 최고의 자재로 아기자기하게 예쁜 양옥으로 지하 1층 지상 1층짜리 반듯한 집을 지어 이 궁리 저 궁리 동원하여 인테리어를 하고 아이들 침대를 사고 새집에 걸맞은 가구와 주방을 꾸미고 광주에서 커튼을 맞추고, 그때의 감격을 어찌 잊으랴! 마당 한편에 평소 소망하던 작은 화단도 조성했다.

그렇게 알뜰살뜰 우리의 꿈이 영글게 익어갈 때쯤이다. 지금까지 운영 중인 농기계대리점을 권유받았다. 일생일대 큰 결단을 앞두고 우왕좌왕 갈피를 못 잡는 남편을 설득하여 읍내로 거처를 옮기는 모험을 감행, 불철주야 너무도 신나게 영업을 잘했다. 노력에 노력을 거듭한 끝에 전국 대리점 중 판매와 영업실적에서 당당히 1위를 획득하였다. 그 결과 외국 존디어사 대표, 전국 단위 사장들이 결집한 가운데 대전 유성호텔에서 성공 사례를 발표하고 부상으로 자동차 한 대를 받았던 일들이 주마등처럼 스친다.

평소 언변이 없는 남편을 남몰래 억지로 등 떠밀어 웅변학원을 찾아가 스피치를 배우게 했다. 남편이 강단에 섰을 때 우리 회사 직원들 모두 가슴을 졸이며 지켜보았다던가. 어느덧 여유롭게 중반전을 넘어가자 모두 감격하여 눈시울을 적셨단다. 내가 생각해도 믿어지지 않을 정도로 대중 앞에서 너무도 멋지게 발표했던 남편을 격려하는 마음으로 무대까지 나가 포옹을 했던 그날 일이 마치 엊그제인 양 너무도 생생하기만 하다.

파티장에서 연회가 이어지는 자리, 대표이사께서 사모님은 신춘문예 지원하시라고 극찬을 해 주셨지만 그때는 그게 무슨 말인 줄도 몰랐었던 쑥맥이었던 나! 수양산 그늘이 천 리를 간다고 했다. 새삼 돌이켜 보면 남편의 외조로 지금의 내 자리가 마련된 셈이다. 언제나 아내 뒤에서 묵묵히 기도하며 매사 부족한 아내를 물심양면으로 도와준 큰 사람이 남편, 그 덕분에 뒤늦게나마 어린 시절 꿈꾸던 문학도의 길에도 나설 수 있었다. 남편은 나의 미진했던 공부를 채워주기 위해 망설이는 내 등을 떠밀어 대학까지 마치게 했다. 이후 문학단체 활동은 물론, 각종 사회단체 회장을 거쳐 강진군의회 비례대표 의원을 할 수 있도록 뒷바라지해 주고 지역구 출마할 때 선거운동을 적극적으로 주선하여 재선의 뜻을 이루게 해 준 실로 고마운 사람이다.

지금 돌이켜 보면 정말 눈물 나게 고마운 유일한 사람, 나는 다시 태어나 결혼을 해도 이 사람과 결혼하겠다고 자신있게 말하곤 한다.

그중 무엇보다 감사한 건 나로 하여금 신앙의 길을 꾸준히 갈 수 있도록 함께 해 준 그의 지대한 공로려니 올해 나는 하나님의 기름 부은 장로가 되었다.

이렇듯 남편과 동반했던 내 인생 여정에는 그를 향한 무한한 감사함과 고마움 뿐이란 걸 깨닫는 순간, 신문 속 "모든 만남은 어떤 형태로든 이별로 끝난다."는 문장이 오싹하게 다가온다. '부디 한날한시에 똑같이 생을 마치어 한 곳에 묻히길 바란다'는 해로동혈(偕老同穴)이라는 그 사자성어가 우리에게도 낯설지 않은 나이에 이른 때문인가.

펄펄 나는 꾀꼬리는
암수 서로 정다운데

자신에게 등을 보이며 떠나간 치희를 그리워하며 유리왕이 읊었다는 황조가, 홀로 남은 쓸쓸함을 토로하는 다음 연을 차마 잇지 못하겠다.

이제라도 우리 두 사람 남은 생을 아름답게 살다 가리라 재다짐하지만 언제나 한결같지 않는 우리의 건강이 문제라면 문제다. 요즘 들어 여기저기 삐걱거리는 우리의 건강과 가족을 위해 주님 앞에 아침마다 기도를 드린다. 시나브로 내리는 안개비에 내 마음도 흠씬 젖고 만다.

나를 더 강하게 한 것은

얼마 전 써 두었던 글을 다시 수정해본다

어제저녁 시사적격 프로에 출연한 한국정신대문제대책협의회 창립자인 윤정옥(95세 이화여대 명예교수)은 제85회 '위안부 공개 증언 30주년'에서 "김학순 우리 앞에 서다(21. 8. 13.)"란 제목으로, "우리가 강요에 못 이겼던 그 일을 역사에 남겨 두어야 한다."라고 말했다.

그는 이어서, "1991년 8월 14일 고 김학순 할머니의 용기 있는 증언으로, '일본군 위안부 문제'가 마침내 세상에 알려졌다. 그 후 위안부 피해자들이 일본 정부의 전쟁범죄를 사회에 고발하기 시작했다."라고 천명하며 이에 관한 것을 조목조목 밝혔다.

내용을 다시 정리해 보면 이렇다.

일본군이 위안소를 설치해 위안부를 본격적으로 모집하

기 시작한 것은 1937년 중일전쟁을 일으킨 이후부터였다.

'군위안부'가 된 조선인 여성들 중에 정부에 신고한 여성을 중심으로 내용을 들여다보면, 가난한 집안의 여성들이 다수인데 취업 사기, 유괴, 약취, 인신매매 등에 의해 '위안부가' 된 경우가 많았다.

민간업자 일종의 성매매 알선업자들이 '위안부들'을 동원, 이들을 군 위안소로 배치하고 군의 이동에 따라 이들도 이동했다. 위안소의 '위안부들'이 하는 일은 일본군의 성적 욕구의 대상이 되는 것이다.

2017년 12월 국회 본회의에서 관련 법안이 통과되어 위안부 문제를 회복하기 위한 입법 활동이 추진되었고 매년 8월 14일이 '기림의 날'로 공식적인 국가 기념일로 확정되었다.

'일본군 위안부' 문제는 역사 문제가 대중운동으로 또 국제운동으로 확산된 대표적 사례이다. 핵심은 '일제 강점기에 여성들을 강제로 끌고 갔는가? 또 이러한 여성 동원 과정에 일본군과 일본 정부가 개입했는가?'이다. 이에 대해 일본 정부와 우익들은 여성 동원은 민간업자들이 한 일이며, '일본군 '위안부'는 일종의 공장이며 '상행위'라는 주장이다.

일본군의 전선이 확대됨에 따라 위안소의 수도 늘었다. 일본군은 점령 지역이면 거의 어김없이 '위안소'를 설치했다. 일본군의 전선이 만주, 소련의 접경 지역, 동남아, 태평양 지역으로 확대됨에 따라 '위안부'도 전선을 따라 이동하였다. 이런 지역은 최전

방 지역으로 군의 허가가 없으면 이동할 수 없는 곳이었다. 이런 곳에서 '조선인 위안부'의 존재가 확인되었다. 이것이 바로 '위안부' 모집과 관리에 군이 적극적으로 개입했다는 증거가 되는 것이다.

연합군의 지원 등에 의해 고향으로 돌아왔다. 그러나 돌아오지 못한 '조선인 위안부'는 움막 속에서 불도 없고 물도 없는 처참한 생활을 하는 사람도 있었단다. 돌아와서도 갈 곳이 없어 어렵게 살아가는 이들이 대부분이다.

언제부터인가. 몸도 마음도 지칠 대로 지친 소녀는 제 앉을 마땅한 자리를 찾아 두리번거리고 있었다. 그토록 그리워하던 고향 어귀에 비로소 들어섰지만 제 한 몸 부릴 곳조차 마땅치 않아 지친 기색이 역력한, 홀로 얼마나 기나긴 길들을 헤매었을까. 가시덤불에 긁히고 땀으로 누렇게 얼룩진 동정, 눈물이 말라붙은 옷고름, 소녀의 검정 당목 치마는 긴 여정에 헤어져 낡아 금방이라도 삭아 내리기 직전인 흰 고무신처럼 이미 제 빛깔을 잃었다.

나물을 캐기 위해 집을 나서던 그 아득한 봄날의 기억. 할 수만 있다면 맑은 물 샘솟는 우물에서 더럽혀진 몸을 정갈하게 씻고 싶다는 마음이 간절한 소녀, 요 며칠 내내 나를 사로잡고 있는 소녀의 환이다.

더구나 우리나라 피해 여성 대부분의 나이가 만 21세 미만이었고 심지어 15세 미만의 소녀까지 있었던 점이라든지 일본의 동원 방식이 강제적이었다는 생존자의 증언이 이를 증명한다.

군인들의 성욕 해결을 위한 방편으로 당시 여성들에게 가장 중요한 것으로 여겨지던 정절과 순결을 빼앗고 그들은 육신의 병뿐만 아니라 마음에도 '자기 비하'라는, 평생을 두고 치유하기 힘든 큰 병을 지운 일본은 과거사에 시치미를 뗀다.

위안부 문제에 대해서는 아예 모르쇠로 일관하는 뻔뻔하기 그지없는 행각을 벌이고 있다. 식민지의 가난한 딸들을 대상으로 삼아 벌인 탓에 피해 여성들은 그동안 자기주장을 할 수 있는 통로를 제대로 갖지 못했다. 자칫 역사 속에 묻혀 버렸을 사안이 1990년에 들어와서야 비로소 사회문제로 대두되어 다행이다. 과거사 문제로 묻힐 뻔한 일본의 이 범죄 행위는 박제된 과거사가 아니라는 것을 세계에 알리게 된 것이다. 유엔, 세계여성대회, 국제법률가협회, 국제노동기구 등에서 논의가 됐다. 만국 인이 동감하는 세계적 문제로 자리하고 있다.

부당한 취급에 대한 깊은 분노는 마음속 깊이 간직하고 있는 기억, 종교에 의해, 또 때로는 나무 한 그루나 어느 날 우연히 보게 된 저녁노을과 같이 고통을 치유하는 힘이 있는 자연의 아름다움을 한 번 보는 것으로도 참을 수 있게 된다든가. 한국의 할머니들은 경이로울 정도로 강인해 아름답다.

미술사학을 공부하러 온 외국 유학생은 우리의 할머니들을 우리의 전통 공예품 '달항아리'인 백자(白磁)의 미와 연결했다.

할머니들의 주름진 표정에서, 폭력적인 경쟁 논리에서, 먼 초월적 존재 둥그렇게 온 우주를 감싸 안는 힘, 경이로운 생활력을 가지기까지 감내했을 고통이 절로 떠올랐다고도 했다.

그 자비로운 힘의 근원은 무엇일까?

“나를 죽이지 못하는 것은 나를 더 강하게 한다.”라는 니체의 말을 증명하는 한국의 피해자 할머니들은 마침내 소녀로 환생하여 우리나라뿐 아니라 세계 곳곳에 다소곳하지만 누구보다 강인한 증인이요, 항거의 투사가 되어 앉아 있다. 더 무자비한 힘에 저항조차 할 수 없었던 과거의 소녀가 아니다.

생지옥 같았을 ‘위안소’에서의 삶. 문득 떠오른 게 구덩이 갱(坑)자다. 할 수만 있다면 땅 밑에 꽁꽁 묻어버리고 싶은, 깊고 참혹한 구덩이에 갇혀 있었던, 자신의 상처투성이 이야기를 밝은 대낮에 낱낱이 드러내기란 쉽지 않은 일이었을 터, 하지만 이제 소녀의 표정은 담담하고 누구보다 당당하다. 잔혹한 전쟁 범죄를 온몸으로 고발하는 소녀의 작은 몸에선 쉽사리, 아니 그 누구도 제압할 수 없는 강한 힘이 흐른다. 이곳 강진에 그 소녀가 앉을 만한 거룩한 자리를 물색해 바치는 것은 우리 강진인 모두의 책무이다.

부부, 그 가파른 언덕

최근 「부부」라는 제목이 들어간 드라마가 역대 보기 드문 시청률을 기록하며 종영을 했다. 남편을 두고 어느 할머니가 그랬던가. '평생 원수'라고. 그렇지만 검은 머리가 파뿌리가 되도록 해로하셨으니 '칼로 물 베기'라는 부부싸움에 대한 정의가 여전히 굳건히 작용했다고나 할까. 그걸 여실히 증명해 주는 고운 사연 하나 우연히 접하자 내 입가에 걸리는 미소다.

부부, 그 곱고 미운 정(情)의 산등성이 팔순의 부모님이 또 싸움을 시작한다. 이번엔 또 뭘까. 두 분 다툼의 이유야 다양하다. 밭에 내다 심을 잡곡의 순서를 놓고도, 오일장에서 구입할 밑반찬거리의 종목을 적다가도, 하다못해 날마다 빨기 아깝다며 다시 찾아 신으시는 아버지의 양말이 두 분에겐 싸움거리가 되기도 했다.

발단이야 어찌됐든 지금은 한밤중. 하지만 두 분의 부부싸움은 항상 정해진 순서대로 착착 진행된다. 아니나 다를까. 아버지께서는 장롱문을 발칵 열어젖히신다. 그리곤 가끔 대소사가 있을 때나 차려입으시는 양복을 꺼내 입으신다. 초저녁 윗목에 벗어 놓은 냄새나는 양말 대신 새 양말까지 갖춰 신으시고 "내 저 답답한 할망구랑 단 하루도 살 수 없다." 선언하듯 한 마디 던지시고는 죄 없는 방문을 텅! 소리 나게 걷어차고 나가신다.

바로 이 대목쯤에서 아들인 내가 나설 차례다. 절대로 신발을 제 짝 맞게 신어서는 안 된다. 아버지의 고무신 한 짝에 어머니의 낡은 슬리퍼 정도라면 금상첨화. 어쨌든 허겁지겁 달려나간다. 떨리는 목소리로 짐짓 당황했음을 가장하며 아버지께 매달리는 것이다. 제발이지 나가시더라도 날이 밝은 내일 아침에 나가시라, 애걸하며 달랜다. 이런 나를 밀치시며 칠흑의 어둠 속으로 너무도 당당하게 걸어 나가시는 아버지. 당신의 그 기세라니! 막차마저도 이미 끊긴 지 오래인 시골 마을에서, 더구나 이웃 모두 단잠에 빠진 한밤중 아닌가. 하니 제아무리 소동을 부린들 그 누가 알겠는가.

아버지는 이참에 네 에미와는 아예 갈라서겠노라, 큰 소리로 단호한 결정까지 내리신다. 그런 아버지의 푸념을 얼마쯤 들어주는 것으로 어지간히 아버지를 달래놓고 이번엔 싸늘히 등 돌리고 앉아 있는 늙은 어머니께로 향한다. 그만 화 푸시고 아버지 좀 다독여 붙잡으시라고 하니, "그냥 둬라, 내가 열일곱에 시집와서 팔십 평생 네 아버지 집 나간다고 큰소리치고는 저기 저

등성이를 넘는 것을 못 봤다.” 하시며 이불 속으로 들어가 누워 버리신다.

여동생에게 어머니 좀 달래라, 눈 찡긋 맡기고 다시 어둠 속을 한참 쫓아 내달린다. 저만치 보이는 구부정한 아버지의 뒷모습, 잰걸음으로 따라잡은 후 가만히 아버지의 보폭을 따라 걷는다. 처음 그 기세로는 천 리도 단숨에 가실 듯하더니 차츰 걸음의 폭이 좁아졌다. 하지만 올 곳은 오고야 마는 법, 드디어 산등성이에 다다랐다. 이 고개만 넘으면 이제 내리막길, 애초 집을 나설 때 아버지가 목적지로 잡으신 차부가 있고, 아침거리 선지국을 사 먹을 수 있는 읍내까진 그야말로 순식간이다. 아무리 늦춰 걸어도 이제까지 걸어온 거리에 소요된 시간의 절반이면 충분하다. 하지만 딱 그 자리에서 아버지의 발걸음은 멈춘다.

그 수순도 변함없다. 이쯤해서 고요하게 잠든 숲의 정적과 잠꼬대로 뒤척이는 새들의 혼곤한 잠을 깨우며 아버지께선 집 쪽을 향해 버럭 소리를 치신다.

“에이, 이 못된 할망구야, 서방이 나간다면 잡는 시늉이라도 해야지, 이 못된 할망구야, 평생을 뜯어먹어도 남을 질긴 고집으로 똘똘 뭉친 이 벽창호 할망구를 나 아니면 누가 감당할꼬.”

여전히 분이 풀리지 않으신다는 듯 씩씩거리며 아버지. 내가 소매 붙들고 이끌어 주기를 기다리셨던가. 큰 거부 없이 집으로 향하는 길로 내딛으신다. 순간 나는 금방이라도 터지려는 웃음을 지그시 눌러 문다. 이내 나는 고삐를 쥔 목동이 된다. 한때 우람

한 체구의 씨황소 같았으나 이젠 순하디 순한 송아지처럼 변해, 때론 그 모습이 안쓰럽기도 한 아버지.

어머니가 켜 놓은 대문 앞 전등불이 환하다. 아버지는 왜, 팔십 평생 저 낮은 산등성이 하나를 채 넘지 못하시냐고 아들이 묻는다. 아버지는 답하신다. 가장이 되어 가지고 쉽게 산등성이를 넘어가면 안 되는 거라고. 아마 방 안에서 아버지를 기다리던 어머니에게 딸도 물었을 것이다. 왜 엄마는 대문 앞까지 전등불을 환하게 켜 놓느냐고. 어머니가 답한다. 남정네가 대문을 나가면 그 순간부터 불을 밝히고 기다려야 하는 거라고. 이번엔 아들, 딸이 이구동성으로 묻는다. 그럴 걸 왜 그렇게 싸우느냐고? 늙은 부모님이 답한다. 느그는 물을 걸 물어보라고!

부부, 갈수록 높아가는 이혼율, 그 이유 중 으뜸이 '성격차'란다. 서로에게 죽을 때까지 자신의 고집을 줄기차게 주장하는, 그래서 인내라는 지난한 과정이 없으면 결코 쉽지 않는, 까마득한 산등성이 같은 관계가 부부다. 미울 때는 세상에서 가장 용서 못할 철천지원수 같은 존재이면서도 돌아서면 어둠 속에서 나를 기다려 줄 가장 유일한 친구 같은 존재인 단 한 사람이라는 걸 누가 부정할까. 그의 머리에 흰 눈이 수북이 내려앉았다. 불현듯 눈이 시리다. 아니 눈보다 먼저 가슴이 시렸다. 아웅다웅 다투면서도 가슴 한쪽이 절절히 시려오는 그런 사람이 우리에게 짝이라는 이름으로 자리하고 있다는 건 얼마나 고마운 일인가.

백운동 정원에서

번잡한 일상에서 벗어나 어디론가 훌쩍 떠나고 싶은 날이 있다. 누군가와 마음을 나누고 싶은 날이다. 마치 그런 나를 손꼽아 기다리고 있는 친구라도 만나러 나서듯 길을 나섰다.

흐르는 마음결 따라 무작정 도착한 곳이 호남의 금강산이라 칭하는 월출산자락이다. 녹차밭 근처에 차를 세우고 아랫길을 천천히 내려가 백운동 정원에서 발길을 멈추었다. 예전에 올 때는 느끼지 못했던 청량감이 먼저 나를 반긴다. 단숨에 맑아지는 가슴은 대숲에서 흘러나온 맑은 공기 덕택이리라. 서걱거리는 댓잎들이 내는 소리들은 멋진 하모니를 이뤄 선계(仙界)에 든 듯 답답한 가슴이 일시에 시원히 툭 트이며 무아지경으로 이끈다. 숲이 적당히 어우러진 풍광의 자연이 주는 고즈넉함에 얼마나 빠져 있었을까. 문득 눈에 들어오는 세월 머금은 바위에 흩뿌려진 선홍색 동백이 주는 절묘한 조화가 아찔하다.

원림의 주거공간에 조성된 구불구불한 물길인 유상곡수에 다다랐다. 굽이굽이 흐르는 드맑은 물에 술잔을 띄워 놓고 시 한 수, 노래 한 가락 향긋한 정취에 젖어 풍류를 즐기던 선비들의 놀음이 눈앞에 선연하다. 나 역시 그들과 한데 어우러진 듯 닫힌 마음이 절로 열린다. 푸르른 숲의 기운에 서서히 정제되는 순간이랄까. 마스크나 거리두기에 잔뜩 긴장된 몸과 마음이 저절로 힐링이 된다.

1348년 여름 피렌체에 흑사병이 돌았다. 겨드랑이, 목, 사타구니 림프절이 고통스럽게 부어오르는 증상을 보이다가 닷새 정도 후에 치명적 상태에 이르는, 치사율은 60%가 넘었다. 도시는 초토화되고 불과 몇 달 만에 피렌체 인구는 절반으로 줄었다. 유럽 전체 인구 1억 명 가운데 25%인 2500만 명의 목숨을 앗아가는 무서운 전염병이었다. 당시 피렌체의 소설가이자 인문주의자였던 조반니 보카치오는 페스트가 세상을 어떻게 황폐화하는지를 낱낱이 목격했다. 특히나 무기력하게 신의 분노를 받아들이는 인간의 무력함이라니!

병마에서 간신히 살아남은 그는 『데카메론』을 완성했다. 데카메론은 흑사병을 피해 2주 동안 피에솔레의 시골마을 별장 은신처에 모인 일곱 명의 여성과 3명의 남성이 서로에게 들려주는 100개의 이야기로 구성되어 있다. 말하자면 사회적 거리두기를 하던 시절 잠시나마 그 공포스럽고 잔혹한 전염병을 잊기 위해 서로 서로의 경험담을 나누는 시간의 기록인 것이다.

때아닌 코로나 사태로 사람들과의 교류가 두려워진 이때. 백운동 정원은 어느덧 내게는 그 옛날의 은신처 피에솔레가 되었다. 여기저기서 찌찌 거리는 새소리와 어우러진 계곡의 물소리는 백가지 이야기를 품은 듯하여 연신 귀를 기울인다. 좋다! 좋아! 이런 찬사가 절로 터지게 하는 자연과 교류하니 행복 호르몬인 엔도르핀이 되살아나는 느낌마저 든다.

백운동 원림은 조선 전기까지 백운사라는 암자 터로 존재해왔으나 처사 이담로가 은거하며 살면서 아름다운 정원을 손수 복원, 주거형 공간으로 변모시킨 곳이다. 후손들 가족 모두가 이주해 백운동 정원을 국가문화재 지정하기 위해 복원사업을 진행하고 있다. 원림은 월출산에서 계곡물이 흘러 내려와 돌아 나가는 명승지에 빼어난 경관 조선시대 원림 문화를 대표하며 우리나라 차 문화의 성지로 경관과 역사, 문화적 가치가 뛰어나 명승으로 지정하는데 특별한 문제는 없다는 입장을 보였다고 전해 들었다.

그래서 국가지정문화재는 국보, 보물, 중요민속자료, 사적, 명승, 천연기념물, 중요무형문화재 등 7가지 유형으로 분류하는데 강진군은 호남의 3대 정원인 '백운동 원림'의 국가문화재 지정을 위해 문화재청이 현지조사를 실시했다고 밝혔다. 전문가들은 백운동 원림은 역사적 배경과 관련 인물, 그리고 건축사와 조경 사적 가치 및 다양한 자료를 모아 국가지정문화재 명승 제115호로 지정되었다.

꼭 사람만이 벗이 되랴! 푸르른 산천도 내 좋은 벗이리니, 백운동 정원 여기저기를 돌아보는 동안 오랜 다정다감한 친구를 만나고 돌아오는 길인 듯 뿌듯하다. 내 이 느낌을 오래 간직하리라. 더구나 백운동 정원이 강진군 최초의 명승으로 탄생하게 되었으니 옛 선조들의 고귀한 숨결을 가까이 접하는 이 따뜻한 하루야말로 내게는 잊을 수 없는 의미 있는 날이었다.

사라진 사계(四季)

사상 유래에 없는 불볕더위가 기승을 부린다. 목덜미에 뜨거운 열기구를 가져다 대는 듯 따끔따끔하다. 자동차에 올라 운전대에 손을 올리는 순간 화상을 입을 것만 같다. 서둘러 시동을 걸고 차를 달려보지만 미처 제 능력을 발휘하지 않는 에어컨, 몰려오는 후끈후끈한 열기에 숨이 턱턱 막힌다.

도로변의 백일홍도 뜨거운 햇빛에 시들어 고개를 떨구고 있다. 라디오에서는 열기가 최고치인 오늘 밭일을 하다 일사병으로 숨진 할머니 소식을 전한다. 가만히 있어도 숨이 턱턱 막히는 날씨인데 무슨 밭일을 다 하셨단 말인가. 나는 누구에게랄 것도 없이 벌컥 화를 쏟는다. 치솟는 전력 사용으로 인한 초과전력 소비에 정전 사태가 속출한다니 연속되는 무더위가 사람을 질리게 한다. 더구나

이달 말까지 비가 없다고 하니 이게 도대체 어찌된 영문인지 알 수 없다.

이윽고 서늘해진 치 안, 그 덕택인가. 어느새 오래전 여름밤의 그 삽상했던 바람이 스쳐간다. 내 유년의 여름날이다. 마당에 멍석을 깔고 마당 한구석에 모깃불을 피웠다. 식구들이 둘러앉아 먹던 저녁 밥상이 치워지면 평상 위에 누웠다. 밤하늘의 별똥별이 흐르는 것을 보면서 푸른 별을 쳐다보며 익숙한 북두칠성과 은하수를 헤아리며 윤동주의 「별 헤는 밤」을 더듬더듬 읊조리곤 했다.

계절이 지나가는 하늘에는 가을로 가득 차 있습니다.
나는 아무 걱정도 없이 가을 속의
별들을 다 헤일 듯합니다.
가슴속에 하나둘 새겨지는 별을
이제 다 못 헤는 것은
쉬이 아침이 오는 까닭이요,
내일 밤이 남은 까닭이요….

이 대목까지나 읊다가 잠이 들었을까. 이윽고 홑이불을 가만히 덮어 주신 어머니 손끝에 밤이 깊어가다가 오싹 돋는 새벽녘의 한기에 방으로 쫓겨 오곤 했었다.

흔한 에어컨도 냉장고도 없던 시절이었지만 여름이 이토록 견디기 어렵도록 뜨거웠다는 기억이 없다. 풋고추에 시원한 샘물

한 바가지, 우물 속에 담궈 둔 열무김치 한 사발로도 밥은 그야 말로 꿀맛이었다. 때마침 식사 시간에 맞춰 라디오 방송에서 흘러나온 "우리 집은 언제나 웃으며 산다."
라는 아나운서의 멘트를 듣노라면 가슴 가득 밀려오던 그 어떤 뿌듯함! 그렇게 우리 온 가족들이 둘러앉아 아침 식사를 자주 했었다.

맞다. 여름하면 밥상 위에 빠지지 않고 올라오던 달큼한 된장국, 검정 가마솥에 밥을 하면서 멸치 몇 마리 넣고 풋고추 몇 개 툭툭 잘라 넣으면 밥이 되면서 밥 넘은 물이 넘어 들어가 그것이 별미 중 별미가 아니었던가. 이열치열의 이치였다. 땀 뻘뻘 흘리며 뚝배기의 된장국으로 고개를 들이밀던 우리 형제들, 당신의 밥상에 올려진 간 고등어구이, 짜디짜고 빼빼한 구운 갈치를 접시째 자식들 밥상으로 얹어주시던 아버지, 어머니의 눈총이야 어찌 되었건 그저 좋아라 받아서 맛나게 먹었던 그 철부지 시절이 못 견디게 그립다. 아름답고 달큼한 추억만이 가득한 여름날과는 달리 유년의 봄은 별로 기억에 없을 정도다.

갈수록 봄, 여름, 가을, 겨울의 경계가 사라졌다. 사라진 사계는 봄은 순식간에 스치듯 사라지고 여름, 여름, 여름에 지칠 무렵 살짝 가을이 등장해 곧바로 짧은 겨울로 돌입. 계절의 악순환이다. 환경 파괴에 따른 이상 고온 현상으로 바야흐로 봄은 아예 실종되었다고 너나없이 아우성이다. 날이 갈수록 에어컨이라는 문명의 도움이 없인 견디기 어려워진 길고 긴 여름날의 폭염!!

그러니 여름이야말로 현대인들이 극복해야 할 자연재해의 하나가 아닐까.

윤동주 시인의 고결한 낯을 비추던 차고 맑던 우물은 바라지 않는다. 멍석을 깔고 쑥불로 모기를 쫒던 여름밤도 바라지 않는다. 그저 계절의 제대로 된 순환을 앙망할 뿐이다. 때론 보리밭 이랑에서, 때론 뒷동산 마루에서 울던 소쩍새의 아름다운 소리가 들려오고, 온 들녘으로 봄기운을 몰고 오던 종달새의 지저귐이 가득한 옛 봄의 그야말로 봄다웠던 정취는 이제는 우리의 추억에서만 자리하는가.

토굴 속 막걸리

광주시청에서 여성의원 워크숍이 있었다.

마지막 날 담양 죽녹원 방문 코스가 있었다. 하늘을 찌를 듯한 대숲이 우거진 사이사이로 쏟아지는 햇살은 정말 장관이었다.

대나무 숲에 둘러싸인 봉황국 거기에 곁들어 관광 해설사의 멋들어지고 격이 넘치는 지식과 해학이 담긴 해설에 넋을 빼고 듣고 있노라니 정말 신선이라도 된 느낌을 받았다.

해설사님은 익히 잘 알고 있는 우리의 시 낭송 지도 선생님이신 영문과 출신 오O후 선생님께서 훌륭한 전달력으로 모든 이를 행복의 도가니로 안내해 주셨다.

문득 친정집이 떠오른다. 언제라도 마음 내키면 달려갈

수 있는 지척의 거리에 자신의 추억이 고스란히 남은 유년의 집이 있다는 것은 큰 축복이다.

기차도 버스도 다니지 않는 아담한 농촌 마을. 그 끝자락에 자리한 우리집. 일곱 명의 선량한 사내를 뜻하는 이름, 그 칠량(七良)저수지에서 가장 가깝던 집의 뒤란에는 대나무가 울창하게 우거졌다. 중국의 대소리는 그야말로 한꺼번에 내지르는 인민군 함성처럼 요란하기 짝이 없는데 우리의 대나무 부딪히는 소리는 귀에 유순히 들려서 좋다던 글을 어디선가 읽었던 기억이 난다. 아닌 게 아니라 아침마다 대 숲속에서 들려오는 참새 떼 지저귀는 소리가 바람에 대나무 사걱거리는 소리와 합성되어 은은하게 쏟아지는 빗소리처럼 정겨웠다.

해마다 봄날이면 왕대 죽순이 탐스럽게 돋아났다. 그 무렵이면 아버지께서는 우리 중 "그 누구도 대밭에 얼씬도 하지 말라" 엄한 금족령을 내리셨다. 혹시라도 돋아나는 어린 죽순을 망가뜨릴까 봐 그쪽으론 발걸음도 못하게 으름장을 내리신 것이다. 지금은 희귀종이 되었다지만 그 시절이야 새까맣게 떼를 지어 날아다니던 제비들 아니었던가. 암수 짝을 지어 논흙과 지푸라기를 물어다 처마 밑에 집을 짓노라면 뒷산에 소쩍새는 솥 적다며 하염없이 울었다. 맹감이 토실해지고 토방끝이며 온누리에 따뜻한 기운이 감싸돌던 정겨운 봄날이 그렇게 무르익어 갔다.

할머니께선 진홍빛 진달래 꽃잎을 따다가 설탕을 뿌려 재우는 작업으로 소박한 봄 나기를 시작하셨다. 그렇게 마련된 달콤한 진달래꽃즙은 한겨울 우리들이 감기에 걸리면 한 숟가락씩 먹여 주시던 귀한 약이 되었다. 덕택에 우리는 감기가 걸려도 약국을 가거나 병원에 가 본 적 없이 할머니의 담방 약으로 거뜬히 다스려져 훌훌 털고 일어났었다.

이른 봄 텃밭에 상추를 뿌려 탐스럽게 윤기 흐르던 상추에 부추를 곁들여 무쳐서 고소하고 맛있게 조리하시던 할머니. 당신의 손맛에 어린 우리의 봄 입맛도 길들어져 갔다. 할머니께선 끼니마다 상추를 뜯어와 마지막 헹굴 때 참기름 몇 방울 떨구어 헹구면 모든 병균이 멸균된다면서 어김없이 그렇게 씻으셨다. 어느새 푸른 신록과 함께 당도하던 여름. 텃밭엔 풋고추와 토마토를 심어 우리 손주들을 위한 먹거리로 정성을 다해 키우셨다. 할머니가 세우신 시렁을 향해 날마다 발돋음하며 올라가던 오이! 오이꽃이 노랗게 피어나면 어느새 오이가 맺혀 무럭무럭 자라는 손자들을 일러 "장마에 물외 크듯 한다"시던 할머니의 말씀마따나 며칠 사이 주렁주렁 튼실한 오이가 열려 보기 좋은 광경을 이루었다.

어디 이뿐이랴. 농사를 많이 짓는 우리집엔 일 년 내내 막걸리가 떨어지지 않았다. 한여름에도 찬 기운이 감도는 대나무밭 아래 토굴 속에 막걸리를 담궈 저장했다가 숙성이 되면 그걸 맛있게 걸러 탑탑한 농주를 만드시는 것이 할머니 담당이었다. 어린 내게도 시음의 기회가 있었을까. 떠올리는 것만으로도 입안 가득 침이 고이게 하는 그 맛이라니!

이 세상의 모든 그리움이 푸른색이라면 그 출발지는 사철 내내 그 빛을 잃지 않는 대나무밭이 아닐까. 관광지에서 만난 담양의 죽녹원은 나에게 지난 유년을 향해 내딛는 푸른 발걸음이 바쁘다.

하나님 도와주소서

온 산야는 바야흐로 봄이 무르익어 간다. 철쭉과 갖가지 꽃들이 만개하여 지천을 이루고 더없이 화창하고 따스한, 이 좋은 봄날, 다급한 동서의 전화를 받고 전남대 화순병원으로 달렸다. 피붙이에게 닥친 불행에 가슴이 에인다고나 할까. 너무도 부피 큰 슬픔에 봄이 무르익어 가는 차창 밖 풍경이 외려 을씨년스러워 차라리 외면하고 싶었다. 병원에 도착해 응급실 밖에서 초조하게 기다리는 심정도 이루 말할 수 없이 산란했다.

몇 시간을 기다렸던가. MRI를 찍기 위해 응급실 문이 열렸다. 파리한 안색, 눈만 퀭하게 뜬 시동생이 무표정한 얼굴로 침대에 실려 나온다. 떨리는 손으로 이불을 걷자 너무나 처참한 모습에 가슴이 미어졌다. 바짝 마른 다리에 유난히 도드라진 무릎뼈! 세상에나! 사람의 무릎뼈가 이렇게 굵었다니. 근육이 다 빠져나간 육신은 마른 지푸라기처럼 뼈만 앙상해 손을 대면 금방이라도 바스라질 것만 같다. 다행히 다리는 아직 따뜻한 온기가 돌고 피부색도 유난히 깨끗하지만 가슴 양쪽에 얽혀 있는 줄이 주렁주렁 얼추 스무 개가 넘는다.

"아재, 나 알겄어?"

몇 번을 물어봐도 아무런 반응이 없다.

"아재, 이제 예수님 영접하고 편안한 마음으로 주님 영접하자."

내 당부에 긍정인지 부정인지 도무지 알 수 없는 표정이다. 지금까지 살아오면서 이런저런 많은 병고에 시달린 시동생의 생, 그 고통스런 과정을 속속들이 보았기에 명치끝이 저려 온다. 이제 나이 68세, 백세 시대에 아직은 펄펄 뛸 장년의 나이 아닌가. 더구나 지난해 예쁘고 보기 좋은 집을 지었다. 온 마을이 훤히 내려다보이고 사방을 둘러보면 들판이 탁 트인 전경이 모두의 부러운 현실이 아닌가. 이제야 한시름 놓고 삶을 좀 편하게 재미있게 살아갈 수 있는 여건이 되었는데 이게 무슨 변고란 말인가?

하긴 꽃비 내리는 봄날이면 어떻고 울울창창 녹음 우거진 여름날이면 또 어떠리. 인생의 나이는 숫자에 있지 않는다고 했으니 조락의 계절에도 즐거이 생을 구가하는 게 요즘 세태다. 흔히들 오늘이 우리 생의 가장 젊은 날이라던가. 침상에 누운 시동생은 과연 어느 계절을 지나고 있나? 삶의 끈을 서서히 놓아가는 듯한 모습에 기가 막힌다. 열심히, 치열하게, 부지런히…. 모든 근면의 단어들을 동원한 게 시동생의 삶이었다. 그런 그가 이런 처참한 결과를 맞아야 하다니 몰려드는 회의감에 숨이 다 막힌다. 과연 우리가 어떻게 살아야 끝까지 잘 살아냈다고 할 수 있을까. 내 힘으로 도저히 풀 수 없는 문제에 가로막힌 양 막막하기만 하다.

「애프터 양」은 『양과 작별하며(Saying Goodbye to yang)』란 소설을 영화화한 제23회 전주 국제 영화제 개막작이다. 인간 곁에서 인간을 돕는 기계 인간인 양, 비록 인조인간이지만 양은 가족처럼 함께 시간을 보내며 어린 딸의 정서 안정을 돕던 요긴한 존재였는데 고장으로 돌연 작동이 멈춘 것이다. 머지않아 우리에게 닥칠 미래 시대를 배경으로 했다는 영화, 비행기 속에서 감독이 건넨 대본을 읽던 주연 배우는 자신도 모르게 하염없이 눈물을 쏟았다던가. 괜찮냐는 옆 좌석의 승객에게 그는 "너무도 좋은 이야기를 읽고 있어서"라고 대답했단다.

현대를 살아가는 젊은이답게 그동안 그의 주된 고민은 '일과 그에 따르는 부(富)의 축적'이었더란다. 그래서 매일매일 채워지지 않는 욕망으로 항상 힘겨웠다고 했다. 그런 그에게 스며든 양의 삶의 자세가 그를 울리고 만 것이다. 벽에 어리는 사물의 그림자, 무심코 떨어지는 낙엽 등등의 일상의 소소한 것들에 특별히 감응하는, 안드로이드인 양이 추구하는 평온과 고요, 기쁨이 그로 하여금 눈물이 흐를 만큼 큰 감동을 준 것이다. 이윽고 그가 깨달은 것은 자신에겐 행복을 위해 더 많은 것이 필요한 게 아니라 지금 가진 것만으로도 충분히 행복하다는 삶에 대한 태도의 변화였다.

조카는 제 아버지의 얼굴을 멀리 있는 형제들에게 영상으로 보여준다. 정작 당사자는 자신이 촬영을 되는 걸 아는지 모르는지 그 어떤 기미마저 없고. 그런 시동생을 응급실에 홀로 남겨두고 뒤돌아서는 마음이 안타깝기 짝이 없다. 얼마쯤 왔을까. 병원에서 다급한 연락이 왔다. 다시 되돌아가 환자를 중환자실로 옮기고 온 식구들은 떨어지지 않는 발걸음으로 집으로 돌아왔다. 심란해 도무지 일도 손에 잡히지 않고 무심코 바라본 텔레비전 화면에서는 젊은 부부의 이야기가 펼쳐진다. 농사를 지으면서 바닷가에서 사는 부부다. 그 중 어느 날 찬 바람 부는 바닷가로 아이를 데리고 가 아내가 첼로를 연주한다. 바다의 찬 바람을 맞으며 연주를 마치자 남편은 주머니 속에서 따뜻하게 데운 자신의 손으로 아내의 얼음장 같은 손을 “이 귀한 손! 이 귀한 손!” 하면서 어루만져 주는데 아무런 상관도 없는 내 가슴마저 푸근해지며 동시에 애꿎은 눈물은 왜 그리도 쏟아지는지. 정 넘치는 화면 속 남편을 보니 제발이지 우리 시동생도 빨리 털고 일어나 동서의 거칠어진 손 만져주며 “이 귀한 이 손으로 내 가정 일으켜 세워줘서 고맙다.”고 치하하며 잡아줄 날을 학수고대해 본다. 제발 건강한 몸으로 집으로 돌아와 부질없이 흘러가는, 이 아깝고도 아까운 생의 봄날을 오순도순 재미나게 살아주길 하나님께 간절히 기도해 본다.

문학의 길

책 속에 길이 있다고 누가 말을 했는가?

때로는 펄펄 끓어오르는 열탕 안에 들어선 듯, 때로는 눈보라 몰아치는 척박한 들판에 홀로 선 듯 삶에 마주하는 고통스럽고 고독한 순간들, 그럴수록 문학을 향한 열망이 더더욱 간절해지는 건 비단 나뿐이 아닌가 봅니다. 너나없이 바쁜 시간을 쪼개어 만나는 문우들의 눈빛이 갈수록 형형한 걸 보면요.

"나는 내가 좋아하지 않거나 존경할 수 없는 사람들과는 어울리지 않는다"는 투자의 귀재 웨렌 버핏 말입니다. 거칠고 막막한 인생길에 함께 해 주는 이의 소중함! 거미에겐 거미줄이 있고 새에게 둥지가 있다면 사람에겐 같은 길을 동행해 주는 벗이 있다고 했습니다. 말 그대로 문학이란 예술이 우리의 생각만큼 쉽사리 빚어지던가요. 막막한 길목을 헤매는 우리의 친절한 안내자가 계셔서 다행이었습니다. 십여 년이 지난 세월을 변함없는 애정으로 우리들을 이끌어 주신 최한선 교수님께 먼저 깊은 감사의 목례를 보냅니다. 아무런 대가도 바라지 않고 고향의 문학도들에게 묵묵히 헌신하시는 모습이 너무도 고맙고 아름답습니다.

해마다 거둔 문학의 열매, 그 결실입니다. 올 가을에도 어김없이 풍요로운 계절의 정취가 물씬한 우리들의 백련 시문학동인지 가을호 16+3이 탄생되었습니다. 긴 산고 끝에 가슴에 안은 아이인 양 너무도 흐뭇하고 오달집니다. 굽이굽이 돌이켜보면 때론 쓸쓸하고 힘에 벅찬 문학의 길을 함께 거닐었던 흔적이 역력해 뿌듯도 하고요. 살다보면 가끔씩 화살촉 같은 세월에 참으로 허탈하고 마치 누군가에게 소중한 것을 빼앗긴 듯한 기분이 들기도 합니다. 더구나 지난 몇 년간 우리에게 닥친 코로나라는 역병의 위세는 대단하였지요. 매일 확진자 00명의 문자로 하루를 시작하는 일상이었습니다. 급기야 각종 행사나 회의는 화상과 줌(zoom)으로 전환된 불편한 현실에 직면했지요. 그런 시련 속에서도 우리 백련 시문학의 열기는 꺾이지 않았습니다. 흡사 봄이 되면 어김없이 화사한 자태를 뽐내는 강진의 꽃 모란처럼.

모란이 피는 오월 달
월계도 피는 오월 달
온갖 재앙이 다 벌어졌어도

내 품에 남은 다순 김 있어
마음 실 튀기는 오월(五月)이러라"

김영랑 -오월한(五月恨)-

온갖 재앙이 다 벌어졌어도 문학의 맥은 멈추지 않는다는 귀띔이 깃든 시를 소리 내어 읊어 봅니다. 바라건대, 우리 회원 한 사람 한 사람 가슴 속에 움트는 생각의 불씨들이 삶의 노래로 꺼지지 않고 영원한 문학의 꽃으로 피워갈 수 있기를 기원합니다. 이 자리를 빌어 다시 한번 우리의 탁월한 목자(牧者)이신 최한선 교수님께 깊은 감사를 드립니다. 우리 문우 모두들 마음 편히 만날 수 있는 그 날을 고대하며 다음 겨울호에도 문우들의 곱고 성실한 삶이 물씬 배어나는 좋은 작품으로 다시 만나 뵐 날을 기대해 봅니다.

문화예술대상을 수상하며

강진우리신문의 창간 11주년을 맞아 '2021자랑스러운 강진인물대상'에서 문화예술대상 부문에 선정되었다는 뜻밖의 연락을 받았다. 순간, 감격의 파장이 내 가슴을 훑어 스쳤다.

문화예술대상 선정의 변에는 '수필가로 활동 중이며, 시낭송의 불모지인 강진 지역에 그동안 시 낭송 보급은 물론 전국대회인 전국 영랑시낭송대회를 개최하는 등 지역 문화예술발전에 이바지해 온 공로…' 등등의 내 어줍잖은 이력이 언급되어 펼쳐졌건만 시간이 지날수록 부끄러움이 밀려왔다.

아! 무엇보다 우선해 우리신문의 창간 11주년을 진심으로 축하드린다. 그리고 부족한 내게 '2021년을 빛낸 자랑스런 강진인물대상' 문화예술 분야에서 최고상인 문화예술대상이라는 멋진 타이틀을 부여해 주신 우리신문의 오선옥 회장님, 박종민 대표, 그리고 모든 관계자분들께 머리 숙여 감사의 인사를 드린다. 문화예술 분야에 몸을 담고 있는 사람이라면 오늘의 이 자리가 저마다의 꿈이요 로망일 것이다. 시상식은 코로나로 인하여 소박하게 치러졌지만 식장은 각계에서 보내온 화환과 꽃으로 충분히 분위기가 화려하고 멋지게 진행되었다. 가족들과 지인들의 축하의 선물, 아이들이 열어준 엄마에게 전해준 축하의 메시지에 행복하고 기쁜 날, 또한 너무도 송구하고 부끄럽지만 내 문학 인생의 한 페이지에 빛나는 광채를 발할 수 있는 소중한 기회인 우리신문 문화예술대상, 그러니 내가 쉽게 거부하고 싶지 않은 내 생의 최고의 선물임을 솔직히 고백하련다.

유년 시절부터 곰실거리던 문학에의 열망 아니었던가. 그 결실인 첫 수필집 『옛날의 금잔디』에 수록된 「아버지의 추억」이 문예 공모전에 최우수상으로 당선되어 과천 종합청사법무부에 아들과 사위를 대동하고 시상식에 참석했던 일도, 그를 기회로 새롭게 문학의 길에 정진해 온 지난날이 주마등처럼 스쳐 지나간다. 몇 년 전 '한국의 보물'이란 주제로 전남수필에 글을 발표했을 때다. 출판기념회 때 두서없는 내 글에 서울과 대전 등지의 여러 신문편집국장, 글깨나 쓰신다는 작가 프리랜서들이 회장님께 직접 전화를 해서 강진을 너무나도 절묘하게 잘 묘사해서 마치 강진이라는 곳이 바로 눈앞에 펼쳐진 한 폭의 아름다운 그림이 되었다며 내게 '강진 홍보대사'란 이름까지 언급하며 극찬을 했다는 과분한 칭찬의 말씀도 떠오른다. 모든 상이란 정신 차리라는 죽비이자 열심히 정진하라는 등 두드림일 터, 그를 명심하며 초심을 잃지 않으려 노력하겠다는 그 다짐으로 인사의 예를 대신하련다. 변함없이 내가 사랑해 마지않는 고향 강진을 알리고 빛내는데 부족한 필력을 보태겠다는 각오를 다져본다. 유년 시절 석유 등잔불 아래 이야기책을 곡조 내어 읽으시던 어머니의 모습을 보고 자라 자연적으로 독서를 즐기고 글쓰기를 좋아하게 되었던 내가 아닌가. 그것들이 자양분이 되어 글쓰기와 시 낭송이라는 소리 예술을 만나 여전히 삶의 동반자로 함께하고 있다.

내가 둥지 틀고 있는 모란촌 문학회, 광주펜클럽, 전남수필, 광주여류수필, 전남문학, 강진문학, 백년문학회, 영랑기념사업회, 현구기념사업회 등등의 지역문화 예술단체의 발전에 최선을 다하면서 언제나 정진하는 수필가와 시인 그리고 시 낭송가로 무르익어가 명실상부 '문화예술대상' 수상자란 영광스런 타이틀에 걸맞게 내 고향 강진의 문화 환경 조성에 힘을 보태는 알찬 문학인이 되겠다는 포부도 품어 본다.

5

은행나무 아래 미니콘서트

여성 특유의 섬세함으로 문학 활동에 접목하여 그에 따른 다양한 문화 예술 분야에 열심히 발로 뛰어 지역의 문화 발전 향상에 혼신을 다하겠다.

우리 모두 손에 손잡고

– 강진만(康津灣)을 거닐며

새로운 시작, 그 새해 벽두를 열기가 무섭다. 기다렸다는 듯 어두운 소식들이 몰려왔기 때문이다. 그동안 우리는 우리 모두를 어둡고 침울하게 했던 세월호 사건만으로도 지쳤다. 그렇지만 그에 못지않게 우리의 마음에 적잖은 충격을 안겨주는 이런저런 사건들의 연속이다. 신문과 방송 매체를 장식하는 수많은 사건들은 그야말로 꼬리에 꼬리를 무는 행색이다. 입에 올리기에도 민망한 성폭력 사건과 잔악한 피살 사건들도 적지 않다. 사상 최악의 구직난을 겪고 있는 경제는 또 어떤가. 선진국 대열에 들어서는 건 시간문제라는 자부심도 잠시, 극심한 빈부격차로 인한 상대적 빈곤감은 갈수록 불행감으로 내몰아 소중한 삶을 자포자기하는 이들도 적지 않다. 하긴 딱히 경제적 이유만이 아닌, 더 이상 견딜 수 없노라 갖가지 이유를 대며 생을 마감하는 자살자들도 증가 태세이다.

모두들 남을 살필 배려의 시간은커녕, 자신조차 찬찬히 돌아볼 시간적 여유조차 없다. 노인 인구가 태반인 농촌은 텅텅 빈다. 수많은 젊은이들이 일자리를 찾아 고향을 떠나기 때문이다. 소음과 수많은 인파로 들끓는 전쟁 아닌 전쟁터인 도시를 향해 오늘도 밀리고 밀려 대도시를 향해 청춘들이 이동하고 있다. 고시촌 쪽방에서, 입시학원의 콩나물시루 같은 강의실에서 파리하게 지친 안색을 한 청년들이 길거리의 빵조각과 오뎅 국물로 허기를 채우고 있다. 기약 없는 미래를 향해 어두운 밤거리를 전전하고 있는 우리의 아들딸들, 코끝이 아려온다. 각자의 길을 찾아 제 나름대로 매진하고 있는 저 많은 눈망울들! 이들을 수용해줄 일자리는 지극히 한정되어 있는데 말이다.

기업교육과 마케팅 조사를 전문으로 하는 세계적인 기업인 갤럽의 짐 클리프턴 CEO는 '양질의 일자리를 창출하지 못하면 세계 경제전쟁에서 도태될 것'이라고 지적했다. 모두가 자신에게 걸맞은 좋은 일자리를 원하고 있다. 그래서 오늘도 구직자로서는 만년에 가까운 서른 중반을 넘긴 나이에도 몇 차례 진로를 수정까지 해가며 도전하고 있는 청년들이 떠오른다. 그러나 어느 누구도 이 젊은이에게 과연 어떤 것이 그를 성공으로 이끌 수 있는가를 방향을 명확히 제시해줄 수는 없는 것이 안타깝다. 오늘도 그는 한기를 느끼면서 거리를 헤매고 있으리라. 유독 오싹한 겨울의 한기가 오롯이 겨울이어서 추운 것이 아니리라. 그의 마음이 얼어 추운 것이다.

한 젊은이의 미래에 대한 이런저런 생각으로 잠을 설친 새벽 창문을 여니 온 산야가 하얀 눈으로 뒤덮여 있다. 싸늘한 찬 공기는 우리의 정신을 번쩍 깨워 주는 청량제다. 더구나 새해 첫날 아닌가. 문득 산이 그리워 올라온 보은산에서 바라본 눈 내린 강진의 풍경이 포근하다. 새날 새 아침에 품는 희망 위로 변화 발전된 강진의 모습이 겹쳐지니 저 떠오르는 해처럼 변화의 태동을 하고 있으니 어느새 설렘으로 가득해진다.

낙후된 농촌에서 벗어나려 어느 지자체인들 노심초사하지 않으랴. 강진도 마찬가지다. 남도 답사 1번지라는 이름을 얻기까지 각고의 노력이 있었다. 그 결과 청자골의 강진청자축제는 어느덧 47회째를 맞았으니 이미 자리를 우수축제로서의 위상으로 등극한 지 오래다. 특히나 전시되는 도자예술품 중 비색상감무늬는 기술과 아름다움의 극치로 인공을 떠난 천공의 경지라는 찬사를 받는다. 강진의 청자를 널리 알리기 위해 화목가마 불지피기, 전국 물레 성형 경진대회, 청자 빚기 체험과 아울러 고려청자 유물 특별전과 함께 고려 왕실 행사 퍼레이드 등의 다채로운 프로그램이 진행된다.

또한, 남도음식문화축제도 2회째 열렸다. 전통의 맛이 살아있는 힐링 음식관광 축제인 남도 음식문화 큰 잔치도 강진만 생태공원 일원에서 펼쳐졌다. 젊은 세대가 함께 어울리는 축제의 장이 되도록 젊은 셰프들의 참여도 늘렸다. 남도음식의 퓨전, 전통적인 혼밥, 단품식품 개발 등등 체험 프로그램을 확대하고 남도 음식의 전설과 유래에 관한 스토리텔링을 가미한 다양한 남도 전통문화공연을 기획 연출, 또한 추수 감사의 의미를 담은 제천 의식인 '상달제'가 이어졌다. 상달제는 한 해의 풍요와 안녕을 기원하며 남도의 22개 시군의 음식을 하늘에 바치는 의식이다.

나는 틈만 나면 외지인들에게 강진으로 놀러 오시라고 유혹의 말을 남발한다. 도시의 관광객에게 지친 일상의 고뇌를 강진만 갈대숲, 가우도 출렁다리, 짚라인 하강시설에서 신나게 가슴 펴고 달려 삶 속에 쌓인 찌꺼기들을 말끔히 날려 보내는 강진으로 오시라고, 청자 도요지, 문화 뮤지엄, 마량수산물 토요시장과 농축수산물 직거래센터의 호루라기 소리에 주목해 보라고. 연일 사람들로 북적거리고 각처에서 찾아온 관광객들은 저마다 아이들의 손을 잡고 감성의 향기를 따라 강진 이곳저곳에서 행복한 추억을 가슴속에 담는, 저 환하게 웃음 짓는 생동감 넘치는 강진의 그 모습에서 우리의 지친 피로감을 깨끗이 씻어내기를 권하는 것이다. 오늘도 나는 일상의 피로에 시달린 사람들에게 힐링 1번지 강진만(康津灣)이 주는 푸르른 치유의 기운을 욕심껏 경험하라 강추해 본다.

마음에 빛을 담아

지난 몇 년의 의정활동을 뒤돌아보면 후회 없이 참 열심히 해냈구나 싶다. 강진군의회 제7대 비례대표에 2014년 선출이 되었던 그날에 품었던 각오다. 의정에 임하여 정직하고 깨끗한 마음으로 나를 낮추고 군민의 눈높이에 맞춰 신뢰감 있는 언행으로 군민들과 소통하며 나의 최선을 다하리라던, 그 초심이다. 언제나 그 첫 마음을 잃지 않으려 겸허한 자세로 부족한 점은 쉬지 않고 공부하며 여성의원의 아름다운 선례를 남기고자 애를 썼다. 정치가 기술이라면 나는 그 정치를 기술로 하지 않고 예술처럼 하겠다는 생각을 갖게 되었다.

상형문자인 한자어 '예술(藝術)'에서 '藝'를 자세히 들여다보면 손에 벼를 쥐고 땅에 심는다는 것을 뜻하는 문자다. 여기에는 농부가 농사를 짓기 위해서는 농경술이 필요하다는 뜻을 품었으니 즉 농사 또한 기술이라는 의미가 있다. '술(術)'은 읍중도(邑中道), 즉 나라 안의 길이며, 이 길[道]을 실행하는 방도로써의 기술을 의미한다. 나 또한 예술처럼 아름다운 기술을 실현하는 정치를 해 그것이 결국 군민을 위한 방법이리라 생각한 것이다. 되도록 자연의 순리를 따라가되, 오롯이 군민을 바라보며, 뭔가 새로운 정책의 입안도 군민의 편의를 위해 발의해서 그로 인해 내 고향 강진이 도약하는 기회로 나아가도록 노력하였다.

묵묵히 마음에 빛을 담아 군민에게 다가서는 일들은 행복의 문을 여는 일이었다. 긴장감을 가지고 시시각각 움직여야 했다. 늘상 군민을 대변하고, 삶의 질을 향상하기 위해 특히 문화 활동에 가치를 찾아 매사에 더욱 심혈을 기울여 임했다. 마치 아름다운 풍경화를 완성 시키듯 군민들을 위한 길을 찾아드리는 임무에 최선의 가치를 부여하는 발걸음이었다. 그것은 강진에서 태어나 강진에서 뿌리내린 강진 토박이였기에 너무나도 피부로 느끼는 일이었다. 농촌의 환경을 잘 알고 있었기에 작지만 애향심의 발로였다고 생각된다.

꿈을 가진 자는 그 꿈을 이룰 수 있다고 하지 않았던가, 성실하게 해온 나의 의정활동 결과는 다시 강진군의회 재선의원으로 당당하게 입성을 하였다. 여성의원으로서 활동은 참 어려움도 많았다. 하지만 전반기 '행정복지 위원장' 후반기 원구성을 위해 사

전 상호협의 하에 굳게 약속을 하고 그 약속을 믿고 최선의 노력을 아끼지 않았다. 그렇게 노력한 의정활동이 인정받았을까. 과분하게도 후반기 의장에 출마하라는 동료 의원들의 권유를 받았다. 부의장 선출로 이어진 그때 당시를 생각해보면 감회가 깊다.

강진군의회 소속 정당 전체 의석수 8석 중 민주당 의석은 2명이고 전부 타당이었다. 그런 환경조건에서 이루어진 결과이기에 동료 의원들에게 감사하고 고마운 마음은 지금도 잊을 수 없다. 내가 소속된 민주당 의원 수는 2명, 그러나 소속 의원의 인원수가 문제만은 아니었다. 선거법에 연류되어 해결되지 않은 건이 가슴을 옥죄어 자유롭지 못해 의장은 사양했다. 우여곡절 끝에 '강진군의회 부의장'에 당선이 되었다. 강진군의회 최초 여성 부의장이 된 것이다. 곳곳에 지인들이 축하의 현수막을 걸어주시니 고맙고 송구한 마음이 들었고 아울러 또 다른 의미를 나에게 부여하는 것은 그만큼 책임감이 앞서기도 했다.

2018년 6월 13일 강진군의원 제8대 선거에 출마했다. 그러나 마음 편하지 않는 1-다에 공천을 받았다. 너무 씁쓸한 상황이 벌어진 것이다. 흔히 우리가 쓰는 말로 기분 나쁜 처사였다. 그러나 그렇다고 실망에 빠져 있을 수 없는 상황 마음을 다잡고 역동적인 선거운동을 시작했다. 그리고 제8대 강진군의회 후반기 의장선거가 시작되었다. 애초 민주당에서는 중앙당 지침에 따라 경선을 통하여 후보를 선출하기로 했다. 강진군 의회에서도 의원

총회를 열어 지역구 위원장 입회하에 무기명 투표로 「김명희」 본인이 의장 후보로 낙점되었다. 절대 다수당이 경선을 통해 의장 추대를 한 것이다. 서약서에 서명날인까지 했었다. 이탈 시에는 탈당 조치를 하기로 했다. 그러나 본회의장에서 민주당 의원자격을 팽개치고 약속을 어기면서 타당의원을 부의장에 내주면서 이변의 사태가 벌어졌다.

제아무리 정치가 생물이라지만 정치에도 '도'가 있고 '신의'가 있는 것이다. 이날 의장단 선거결과가 나오자 민주당 전남도당은 발칵 뒤집혔다. 경선 결과와 자필로 서명한 '공명경선 서약서'를 뒤집는 행위를 한 의원들은 더 이상 더불어민주당의원의 자격이 없다고 사단이 났다. 스스로 한 약속을 손바닥 뒤집듯 한 행위를 한 의원들에게 "어찌 군민의 삶을 맡길 수 있겠느냐"고 강진 고을이 떠들썩했다. 이러한 일련의 사태를 겪으면서 내 개인에게는 많은 아픔과 좌절을 가져왔고 그 후 민주당에서 당규를 어긴 의원들을 제명시키는 걸로 마무리가 되었다.

'세상의 일이란 알 수가 없다'는 말은 진리인가. 한 치의 앞을 내다볼 수 없는 인간사를 그 누가 알겠는가 싶다가도 그래도 최소한 세상을 살아가는 데는 명백한 원칙과 규범이 있다는 사실을 누누이 되뇌어 본다. 어쨌든 얼마 남지 않은 제8대 의정활동은 마음에 빛을 담아 군민에게 보답하는 마음으로 임하리라. 음악이 작곡가의 생각을 청중에게 들려주듯, 우리 각자의 행동들은 누군가에게 삶의 의미를 일깨워준다고 했다.

주민들과 더 끈끈한 소통으로 강진군 발전만을 가슴에 담고 재미나게 살아보련다. 도공의 손끝에서 아름다운 그릇으로 빚어지는 부드럽고 차진 흙처럼 조금 더 유연해지고 순간순간을 이웃과 나를 아는 모든 이들과 더욱 따뜻하게 사랑하며 살아가는 내일을 설계해본다. 임기가 끝나면 8년간의 의정을 회상하며 이제 자연인으로 돌아가 나의 남은 삶의 과정도 누구보다 아름답게 가꾸어 가리라 다짐해 본다.

상화문학제에 다녀와서

바야흐로 만물이 생기발랄하고 말 그대로 계절의 여왕이라는 5월, 절기 특유의 자태가 절정에 달하는 20일부터 이틀간 대구광역시에서 열리는 상화문학제에 다녀왔다. 문학으로 어우러지는 영호남 화합이려니 강진이 낳은 서정시인 영랑과 대구 출생의 시인 이상화가 함께 어우러지는 뜻깊은 문학제의 초대였다.

핸드폰에 찍힌 한 통의 부재중 전화, 공재성 국장의 상화문학제에 참석해 달라는 정중한 초청의 전화였다. 내심 반가웠지만 아쉽게도 내겐 중요한 군의회 회기 중이 아닌가, 어쩔 수 없이 참석 불가의 아쉬움을 전하며 전화를 끊었다. 하지만 채 떨치지 못한 미련이 남았던가, 곰곰 생각해 보니 회기 마지막 날이라서 참석에 큰 무리는 없을 듯했다. 그동안 몇 차례 이상화 기념 사업회 A회장과 임원들이 강진군의 영랑문학제에 참가, 문학을 통해 영호남의 문화 교류를 나누었던 터라 이번 상화문학제에는 꼭 참석해보고 싶은 마음이 간절했었다. 다시 전화를 걸어 참석의 의사를 밝히니 너무도 반가워하시면서 강진의 대표로 영랑의 시 「모란이 피기까지는」을 낭송해 주기를 청하셨다.

대구 시내의 번화가에 자리한 시인 이상화의 고택에서 열리는 문학제의 개막식이 펼쳐졌다. 여느 행사장 못지않게 진한 코발트색 휘장으로 단장된 무대는 고고함과 위풍이 넘쳤다. 단아하고 엄숙한 식장 분위기 탓인지 펼쳐지는 순서, 순서도 자못 숙연했다. 무엇보다 인상적이었던 것은 행사가 진행되고 마무리 시간에 이르도록 행사장에 참석한 구청장이나 기관장을 포함한 모든 내빈이나 관객들이 단 한 사람도 먼저 빠져나가지 않았다는 점이었다. 얼굴마담이라는 곱잖은 지적처럼 제각각 자신의 바쁜 일정을 핑계로 제 맡은 순서만 지나가면 남의 시선도 아랑곳하지 않고 자리를 뜨는 인사들에겐 귀감이 되고도 남았으리라.

푸른 비단 깃이라는 청라(靑羅)언덕이다. 그 아름다운 이름을 지닌 장소에서 '상화랑, 영랑이랑, 시(詩)도 읊고 차(茶) 마시고'란 주제에 걸맞게 강진의 대표선수 격인 나는 영랑의 시 「모란이 피기까지는」을 낭송했다. 예상 밖의 큰 박수가 쏟아졌다. 우아하고 단아한 한복 차림이 한몫 거들었을까. 대구에서 영랑과 강진을 알리는데 큰 몫을 했다는 과찬이다. 사실 바로 내 앞 순서에서 시 낭송가이자 안중근 홍보대사인 대구의 K 낭송가가 격정적인 퍼포먼스로 이상화의 「빼앗긴 들에도 봄은 오는가」를 낭송하여 말 그대로 무대를 휩쓸어버렸다. 그 열기의 파고(波高)에 기죽은 나는 은근히 걱정도 되었다.

사회자 역시 그런 분위기를 읽었던지 조금은 긴장되지 않으시냐고 내게 물었다. 물론 긴장이야 되지만 나름 최선을 다해보리라던 내 대답처럼 「모란이 피기까지는」을 서정적 멜로디의 노래를 하듯이 리듬을 주어 낭송했다. 두 낭송이 극명하게 대조가 되어 연출한 뜻밖의 조화에 관객들은 큰 박수로 호응해 주었다. 영랑의 시를 낭송하는데 내면 저 깊은 곳에서 우러나온 아름다움이 깃들어 차분하고 정적이며 품격이 고스란히 묻어나 강진의 위상과 영랑의 시혼을 전하는데 큰 몫을 했다는 관계자의 전언이다.

내가 생각해도 지금까지 해 왔던 시 낭송과는 완연히 다른, 새로운 그 무엇인가 내 깊은 곳에서 터져 나오는 울림이 느껴져 내심 놀랐다. 아름다운 선율을 타는 피아니스트의 건반 위의 손놀림이라고 해야 할까. 음률을 타고 청라언덕 푸른 초원 위를 둥둥둥 두둥실 떠다니며 흐르는 오늘의 낭송에 내 스스로도 최고의 경지에 닿은 듯싶었다.

관계자께서 말씀하시길 강진군 의회의 의원 신분인 나를 굳이 초청했던 데는 또 다른 이유가 있었단다. 송구하게도 대구광역시 공무원이라든지, 의원들이 본을 받으라는 뜻이 깃들어 있었다니! 하긴 문학과 공직을 겸하기가 나 또한 쉽지는 않았다. 매사 천번 생각을 거듭해 실행을 해도 한 가지 작은 실수가 큰일을 망치는 일이 허다하지 않던가. 다행히 이번엔 그 천려일실(千慮一失)의 우려가 현실로 벌어지는 일은 일어나지 않았다. 무대에 올라 심호흡을 하고 시를 낭송을 하는데 그 어느 때보다 유난히 잘 풀리는 감을 느꼈다.

낭송이 끝나자 사회자는 내게 여러 가지 질문을 했다. 시 낭송으로 내가 아낌없는 박수를 받았던 사실이 관객들의 관심을 유도하는데 십분 작용했던 것 같다. 무엇보다 뛰어난 음향시설이 한 몫을 거들었고 청라언덕의 아름다운 신록도 그를 배경으로 섬섬옥수 고운 손길로 녹차를 우려내는 아리따운 강진 여인들의 차 따르는 운치 있는 그 모습도 일조를 한 셈이다. 나는 시 낭송 분위기와 절묘하게 맞아떨어진 여러 요소들과 함께 어우러진 관객들의 호응, 그 전체적인 조화로움의 덕택이었다고 공을 돌렸다.

마지막으로 사회자가 앞으로 문학을 하는 정치인으로서 어떻게 나아갈 것인지에 대해 짧게 한마디를 청하자 "여성 특유의 섬세함으로 문학 활동에 접목하여 그에 따른 다양한 문화 예술 분야에 열심히 발로 뛰어 지역의 문화 발전 향상에 더욱 혼신을 다해 노력하겠다."고 당당히 밝혔다. 이날 행사에는 강진영랑기념사업 회장님의 「동무생각」 열창과 강진 출신 K 명창과 영랑의 손녀인 성악가 김혜경 교수를 비롯해 강진 다인들의 차 행사의 자리까지 펼쳐졌으니 대구에서 벌어진 강진 잔치가 아니었나 하는 착각마저 들었다. 영호남 화합이라는 말의 원조가 된 도시가 대구가 아닌가. 영랑이 노래한 뚝뚝 돋는 모란의 계절뿐이랴. 강진과 대구가 함께 교류해 벌인 문학의 잔치, 그 정겨웠던 상화문학제의 추억은 오래도록 지워지지 않을 것 같다.

은행나무 아래 미니콘서트

봄이 무르익어가는 오월, 신록으로 물든 영랑 생가 은행나무 고목 아래 시와 음악이 흐르는 미니콘서트가 열렸다. 우리나라 대표 서정시인이자 항일민족 지사였던 영랑 김윤식 선생의 생가 마당에서 벌이는 의미 있는 행사다.

영랑 생가는 2007년 도 지정 문화제에서 국가지정 문화제로 중요민속자료로 승격되었다. 생가는 안채와 사랑채, 문간채를 갖춰 옛날 부호의 가택으로 품위를 지닌 명가로 선생께서 작품 활동을 하셨던 공간은 사랑채이다. 영랑 선생의 주옥같은 시들 대부분이 이곳 사랑채에서 탄생하였다.

대문간 앞뜰에는 선생의 대표작인 「모란이 피기까지는」 시비가 흐드러진 모란꽃에 싸여 웅장하게 세워져 있다.

모란이 피기까지는 나는 아직 나의 봄을
기다리고 있을 테요
모란이 뚝뚝 떨어져 버린 날 나는
비로소 봄을 여읜 설움에 잠길 테요
5월 어느 날, 그 하루 무덥던 날
떨어져 누운 꽃잎마저 시들어 버리고는
천지에 모란은 자취도 없어지고
뻗쳐오르던 내 보람. 서운케 무너졌나니
모란이 지고 말면 그뿐 내 한 해는 다가고 말아
삼백예순날 하냥 섭섭해 우옵네다

시를 마음으로 읊노라면 꽃과 시가 어우러지는, 그야말로 봄의 주는 운치를 제대로 느낄 수 있다. 생가 마당 곳곳에서 봄이 잔치 벌이듯 제 고운 자태를 욕심껏 뽐내고 있다. 푸르른 잎사귀를 병풍처럼 두른 동백 군락과 댓잎 스쳐 사각거리는 바람의 상쾌함, 모란의 향기 진동하는 이 멋진 봄날은 아름답다 못해 가슴까지 설레게 한다.

오늘 콘서트 참여자들은 전남도에서 시도하고 있는 '남도 한 바퀴' 관광객이 주를 이루고 서울에서 내려온 관광객이 함께 어우러져 봄의 서정을 만끽한다. 날씨마저 축복해 주는 듯 화사하기 짝이 없다. 외지 관광객들에게는 더없이 멋스런 콘서트가 아니었을까. 너나없이 즐거워하며 함께 어우러져 한 편의 드라마를 찍는 느낌마저 든다.

색소폰 연주에 이어 바이올린 연주, 시 낭송을 하고 통기타의 선율에 때 이른 풀벌레들도 합창을 한다. 무엇보다 압권은 아름드리 은행나무다. 연초록에 더더욱 초록으로 덧칠을 해 가는 은행나무의 위용을 감히 꽃과 비교할 수 있을까. 새로 만나게 된 뜻밖의 존재처럼 다가온 은행나무! 감미로운 관악기의 소리를 들으며 나는 은행나무에 대해 곰곰 생각해 본다. 이윽고 상대를 번거롭게 하지 않고 제 스스로도 상대의 짐이 되지 않는 존재에 대해서까지 생각이 번진다. 벚나무가 제아무리 꽃이 고와도 불과 몇 년을 버티지 못했다. 향기로야 손꼽을 만하지만 옆으로 마냥 번져 나가는 라일락 가지는 가끔은 처치 곤란할 지경이었다. 사철 푸르른 기개로 칭송 높지만 날 세운 가시로 다른 나무는 도대체 곁을 허락하지 않는 소나무의 독야청청 안하무인은 또 어떻고!

은행나무를 별 닦는 나무라고 부르면 안 되나
비와 바람과 햇볕을 쥐고
열심히 별을 닦는 나무
가을이 되면 별가루가 묻어 순금 빛 나무

별을 닦아내 순 금빛이 되는 나무라! 그러고 보니 은행나무는 연두색 이파리부터 열매는 물론이요, 하다못해 바람에 날리는 낙엽까지 요긴히 쓰이는 나무다. 아이 나이 세 살이면 이미 부모

은공 다 갚아버린다고 했다. 천진한 웃음이, 무구한 재롱이 부모로 하여금 먹이고 씻긴 그동안의 노고를 너끈히 잊게 하는 것이리라. 새움 튼 은행나무 어린잎의 역할이 그러하다.

나무의 청춘기에 해당하는 초록청청 떨치는 성하의 계절, 때는 바야흐로 저들의 화양연화 시절이라며 덩달아 극성을 떠는 뭇 벌레들. 하지만 은행나무는 이파리 한 잎에도 벌레의 침범을 허락하지 않는다. 울울창창 무성하게 드리운 잎새는 해가림을 해 주는 역할도 담당하지만 고혈압 치료제 개발에 요긴하게 쓰인다. 건강 챙기는 이들의 식탁에 빠짐없이 놓인 우윳빛 열매야 부연 설명이 오히려 군더더기이다. 발목 걸리는 은행나무 숲길의 황금빛 융단을 거니는 것이야말로 늦가을에 누리는 최상의 운치요. 떨어진 이파리는 쓰임새의 보고다. 망에 싸서 옷 사이에 걸면 천연 방습제요, 좀 퇴치용 방충제요, 또한 이른 봄 밭갈이할 때 흩뿌려 흙과 뒤섞어 주면 뿌리에 기생하는 각종 병충해를 박멸해 주는 유기농 약재다.

무엇보다 어지간한 바람에도 끄떡 않는 고요한 품성이 으뜸 덕목이다. 무엇이 그토록 차분히 가라앉혔을까. 남달리 정갈한 성품으로 본디 정신의 부요를 누리도록 태어난 족속이 아니었을까. 일탈이나 해찰 같은 건 찾아볼 수 없다. 평생 영혼의 기갈이나 허기에 연연하지 않으니 애초부터 저 높은 곳에 뜻을 건 고고한 삶의 행보다. 더구나 단단한 풍모의 표피로 수령이 천 년을 훌쩍 넘긴다니 이 얼마나 듬직한가. 이를테면 어느 한 군데 나무

랄 데 없는 고아한 인재라고나 할까.

집은 그 집 주인의 품성을 닮는다 했다. 그러고 보니 수령(樹齡)이 더할수록 품격이 더해지는 은행나무야말로 우리 문단의 거목이신 영랑 선생의 자태 아닌가. 그분의 이름다운 발자취를 기리기 위해 우리 모두가 은행나무 아래로 모인 이유이리라. 검붉은 모란향과 바이올린 선율, 이 봄을 더욱 빛나게 하는 아름드리 은행나무의 존재로 인하여 더더욱 자랑스러운 시문학의 전당, 영랑 생가이다.

추수대동제

매사에 적극적인 내 성격 탓이었을까. 언제나 분주하기만 한 나의 하루하루다. 특히나 올해는 날이면 날마다 바삐게 치닫는 일상이었다. 새싹 움트는 봄 풍경이었는가 싶더니 어느새 푸른빛을 띠는 들판에 눈길 한 번 제대로 맞추지 못했다. 그런데 어느덧 가을걷이가 끝나가는 들판이라니! 어디선가 풍년을 노래하는 멋들어진 농요 한 자락이 들려오는 계절로 바뀌어 버린 것이다.

오늘은 강진종합운동장에서 강진군기독교장로회 추수대동제로 28개 교회가 연합하여 합동 예배를 드리는 날이었다. 준비위원장의 광고를 듣고서야 오늘이 상강(霜降)이란 걸 알았다. 상강은 말 그대로 한 해 들어 첫서리가 내리는 날이라는 뜻으로 24절기 중 열여덟 번째 절기이다. 양력 10월 24일 즈음의, 누군가 고려청자와 더불어 우리나라의 가장 아름다운 보배라 일컬었다는 해맑고 높은 가을 하늘이 펼쳐지는 시기이다. 추울까 더울까 더없이 쾌청한 날씨가 이어지며 높고 푸른 하늘에 떠 있는 구름의 형상 또한 우리의 눈길을 사로잡기에 충분하다. 낮과 밤의 온도 차로 밤에는 기온이 매우 낮아지므로 수증기가 지표에서 엉겨 서리가 내리는 만추의 절기인 것이다.

아닌 게 아니라 며칠 전부터 아침이면 자동차 창문에 이슬이 잔뜩 내려 물기가 줄줄 흘렀다. 그 물기가 어느 촌부의 이마에 맺힌 땀처럼 느껴지는 까닭은 무엇일까. 예로부터 추수의 계절 상강은 부지깽이도 덤비는 때라 급기야 고양이 손도 빌린다는 속담이 있다. 농가월령가에도 9월령에서는 "들에는 조, 피더미, 집 근처 콩, 팥가리, 벼 타작 마친 후에 틈나거든 두드리세…"로 가을 추수에 바쁜 농촌 생활을 읊고 있다. 하긴 요즘은 사람 손만 의지하지 않고 기계의 힘을 빌린 농사 기술의 개량으로 이러한 행사들이 모두 빨라지는 추세다.

봄에 씨를 뿌리고 여름에 가꾸어서 가을에 거두어 겨울을 나는 것 이 농사를 주업으로 하는 우리 농촌 사람들의 생활인 것처럼, 9월 들어 시작된 추수는 상강 무렵이면 마무리가 된다. 1년을 마무리하는 이 시점에 내게는 각종 행사 또한 많다. 1인 3역(一人三役), 아니 사역(四役)을 맡아 마냥 동분서주하는 내 모습이 상강 무렵의 부지깽이처럼 복작복자 바쁘기 짝이 없다. 하지만 언젠가 내게도 장마도 걷히고 중후와 말후에는 쾌청한 날씨가 계속된다는 생의 상강의 절기가 도래할 것으로 위안 삼는다.

그런데 가을의 초입부터 잦은 비바람이 추수를 앞둔 논을 훑고 지나갔다. 물에 잠긴 벼이삭이 논에서 싹을 틔워버리는 불상사를 비롯해 벼 베는 작업을 더디게 하여 여러 악재들의 발생으로 곤욕을 치러 이미 끝났어야 할 일들이 늦어지고 있다.

우리네 삶에서도 마찬가지인 것 같다. 푸른 들 같았던 젊은 날, 남 못지않게 매일을 부단히 노력하지 않았던가. 그러니 다람쥐 쳇바퀴 돌듯 한 해 한 해를 속으며 살아왔다는 농심, 인생 도처에 불어오는 역경의 바람을 어이 상강 근처에 불어오는 태풍에 비하겠는가. 간간이 너무나도 분주한 내 삶의 발걸음을 멈추고 스스로에게 반문하기도 한다.

"과연 무엇을 위한 삶이었나?"

"왜 그다지도 치열히 뛰며 노력해야 했던가?"

"그동안 흘린 눈물과 땀은 또 얼마였던가?"

"그래서 지금 내의 삶은 얼마나 행복한가?"

묻고 또 물어보지만, 그 어느 것 하나에도 명쾌한 대답을 내릴 수 없다.

생의 굽이굽이마다 몰아닥친 비바람 또한 한둘이었던가. 다만 우리가 하나를 잃으면 반드시 또 하나를 넘치게 마련해 주신다는 저 높은 곳에 계신 분의 은혜만이 내겐 등대였다. 그래서 오늘도 내일도 변함없이 꾸준하게 나아가는 삶을 택할 수밖에 없다.

합동 예배를 드리는 엄숙한 행사 자리에 앉아 상강 절기에 얽힌 이런저런 생각에 빠진 내게 상큼한 맛! 붉게 잘 여문 단감을 나눠주시는 여 징모님의 따뜻한 사랑의 마음을 이 가을 내내 간직하고픈 추수대동제가 내겐 은혜롭기 짝이 없다.

정겨운 풍경 언제까지일까

더도 말고 덜도 말고 한가위만 같아라! 했던가. 그 덕담 닮은 둥근 달이 휘영청 걸린 추석날, 그 명절날의 음식 장만 1호는 송편이다. 송편을 만들기 위해 동서들 며늘아기 조카들 둥글게 모여앉아 머리를 맞대고 깨소금 그릇 여기저기에 놓고 티스푼 하나씩을 제 것으로 정해 놓고 누구 송편이 예쁜가, 내기를 하는 풍경처럼 정겨운 게 또 있을까.

향기로운 솔잎 깔아 찐 뜨거운 송편을 참기름에 목욕시켜 가지런히 채반에 가득 진열해 두고. 노르스름 익힌 생선전, 꼬마 달처럼 빚은 동그랑땡, 육전도 맛깔스레 구워지고 마당에 숯불 위에서는 짭조롬한 맛난 향기를 풍기며 고명 입힌 생선이 익어가니 골 붉은 감나무와 황금빛 들판까지 더해진 풍경이 저절로 입가에 미소가 걸리는, 떠

올리기에도 풍요로운 추석날 정경이다

한데 이 무슨 날벼락인가. 변함없이 떠오른 보름달만 호젓하다 못해 썰렁한 추석, 역병 코로나19는 우리의 삶 전부를 뒤흔들고 있다. 추석 한가위가 되었지만 희대의 전염병 예방을 이유로 외지의 형제나 자식들을 내려오지 못하게 하는 이변이 일어났다. 거기에 덧붙여 거리 곳곳에 내걸린 현수막조차 '이웃과 가족을 생각하는 즐거운 한가위 보내세요. 몸은 멀리 있어도 마음만은 가까이에'라고 귀향 불가를 부추기니 참으로 개탄스러울 뿐이다.

친정어머니께서는 요양원에 계시지만 명절 때나 집안의 행사가 있을 때는 항상 모셔와 함께 보냈다. 제발 제발 이번 추석엔 사태가 진정되어 예전처럼 어머니와 함께할 수 있기를 바랐다. 그런데 엄격한 면화불가 조치로 두문불출 면회도 창밖에서만, 그것도 안타깝기 그지없는 영상 통화로만 허용되었으니 어머니 당신의 두 눈에 가득한 그 서운함을 이 자식들이 어찌 짐작하지 못할까.

그리운 어머니와의 대면 만남 불가에 기가 막혀 너나없이 눈가 촉촉해진 우리 네 자매는 의기투합하기로 했다. 엄마는 못 오시더라도 우리끼리 친정집에서 만사 제치고 1박 2일을 감행하기로 약속한 것이다. 한 가지씩 1품 요리를 가져오기로 해서 딸이 넷이나 되니 우리들의 음식은 너무나도 풍요로웠다. 마당에 숯불을 피워 돼지갈비, 새우, 전복, 소시지 여러 가지 고기를 굽고 무 잎사귀에 상추, 깻잎까지 여러 푸성귀 어우러지니 푸짐한 음식으로 손색이 없다.

먹음새 좋은 제낭은 고기도 참말 맛나게 잘 굽고 입도 걸어 덕택에 참 재미난 하루는 너무도 빠르게 지나갔다. 다음 날 아침 일찍 일어나 저수지 둘레길를 걷기로 미리 약속했던 동생과 나는 오랜만에 삼흥리 저수지를 만났다. 그런데 저수지 증설공사로 인하여 마을은 누구네 집이 어디인지조차 모르게 변해 지도가 바뀌어 버렸다. 상전벽해(桑田碧海)라더니 예전에 우리가 살았던 집도 어디였는지 전혀 가늠할 수가 없다. 새로 집을 지어 모두 반도시형 농촌으로 변한 고향 마을이 낯설다. 저수지 둘레에 공원화 사업이 공모사업으로 선정되어 머지않아 공원이 조성될 예정이라니 얼마나 멋진 공원으로 탄생될까 궁금하지만 오랜만에 돌아본 잔뜩 몸 부풀어진 저수지, 나잇살에 잔뜩 뚱뚱이가 되어 나타난 옛 친구처럼 낯설기만 하다.

저수지 주변을 이리저리 거닐며 유년의 정감을 더듬어 본다. 가뭄이 들었을 땐 저수지 아래까지 내려가서 빨래를 하기도 했었는데 빨래터 흔적도 간 곳이 없고 아주 거대한 저수지로 거듭나 있었다. 산자락 아래 아버지 나무지게 쉬어 가던 길가의 쉼터도 찾을 수 없이 변하고 산속 숲은 말할 수 없이 울창하게 짙어졌다. 지금은 도시건 시골이건 모두 보일러를 사용하기 때문에 나무를 베어내지 않는 까닭이다. 저수지 저쪽에 방울새 한 마리 뒤늦은 명절맞이 목욕을 하는지 혼자서 자맥질한다. 남산 마을이 있었던 곳에는 마을의 흔적도 없고 태양광 설치만 거대하게 자리하고 있었다.

명절마다, 삼삼오오 당산나무 아래 세워졌던 차량 행렬, 사람 그림자만 보기 힘든 게 아니다. 바로 이 무렵 마을 입구에 들어서기 무섭게 풍기던 맛난 음식 냄새조차 사라졌다. 옷자락에 달라붙는 이슬 닮은 오만가지 상념을 억지로 털어낸다. 그나마 껍데기만 남은 어머니 숨이라도 지니고 있으니 우리가 모이게 되는데 그 명주실 같은 가냘픈 끈 놓는 날엔 정겨운 만남은 어떻게 될는지! 저수지 둑 한가운데 올라서 들판을 내려다보니 황금벌판이 그림처럼 펼쳐져 있다. 코로나 사태가 망가뜨린 우리의 한가위 명절이지만 아직 바래지 않은 그 한 폭의 그림! 그 명화가 변함없어 참으로 다행이다.

바르셀로나 구엘공원

몇 년 전 국제 마니아들로 구성된 지인들과 크루즈 여행을 다녀왔다.

다양한 문화를 느낄 수 있는 의미 있는 여행이었다. 그 중 내 마음에 필을 꽂은 곳은 스페인 바르셀로나 공원이다.

스페인 바르셀로나에 있는 구엘 공원은 험악한 지형이었으나 유기적으로 환경과 조화를 이루고 자연생태를 보존한 공간으로 만들기 위해 노력한 결과 아름다움을 인정받아 유네스코 세계문화유산으로 지정되었다 한다.

단순히 한 그루의 나무에서도 건축물의 독특함만이 아닌 자연과의 조화를 위해 고민한 건축가의 철학이 고스란히 담겨져 있었다.

바르셀로나 도시는 소박하지만 그렇다고 심심하지 않

은, 아기자기하고 고풍스러운 멋을 간직한 도시이다. 마을 전체가 성벽으로 둘러싸여 있고 좁은 골목길을 걷다 보면 아기자기한 상점과 카페, 식당 등을 쉽게 만날 수 있었다.

도시를 가로지르며 흐르는 강과 양옆으로 서 있는 알록달록 예쁜 건물들은 동화 속에 나오는 모습으로 아름다움을 더해 주며 더 머물고 싶은 마음이 간절했다.

사그라다 파밀리아 성당(성가족 성당)을 보았다.

31세였던 천재 건축가 가우디가 스승이 포기한 성당의 건축을 맡게 되어 그 후 40년간 숨을 거둘 때까지 남은 생을 바쳐 설계하고 건축한 성당이라고 한다.

가우디가 세상을 떠난 이후 90년이 넘는 지금까지 건설 중이고, 가우디 사후 100주년이 되는 2026년 완공을 목표로 하고 있다고 한다.

정면에는 예수님을 상징하는 중앙의 첨탑과 4대 복음 성인 마태, 누가, 마가, 요한을 상징하는 4개의 첨탑, 그리고 예수님의 12제자를 상징하는 12개의 첨탑이 장식되어 있었다.

이 거대한 성당에는 직선이 없는 것이 특징이다. 모든 선이 자연 모습으로 그대로의 곡선이며 일반적인 건축양식의 예측을 벗어난 파격들이 많아 세계 건축물의 역작으로 불린다고 한다.

엘리베이터를 타면 성당 꼭대기로 올라가 전경을 볼 수 있는데 별도의 입장료를 받는다 한다. 날씨는 덥고 그늘이 아쉬운 우리는 전망대는 포기하고 발길을 구엘 공원으로 돌렸다.

구엘 공원의 탄생을 살펴보면 가우디의 후원자이자 파트너였던 구엘 백작은 가우디에게 부유층을 대상으로 한 고급전원도시형 주택단지 건설을 의뢰했으나 차질이 생겨 이루지 못하고 훗날 구엘 가족들이 이곳을 바르셀로나시에 기증하면서 구엘 공원으로 탄생됐다 한다.

가우디는 자연미를 살린 건축물을 짓기 위해 통상적인 도로건설 방식을 탈피하여 산을 깎아내고 흙으로 계곡과 시냇가를 메우는 대신 산의 원형을 고스란히 살리기 위해 등고선을 따라 도로를 건설하고 움푹 들어간 곳을 메우기보다는 그 위에 다리를 설치했다.

곧은 직선과 완벽한 원이 거의 없이 자연 그대로의 곡선을 살린 가우디 특유의 개성 넘치는 건축양식이 이 공원에 모두 구현되어 있다.

구엘 공원의 모습 중 우리 강진 청자촌 공원화 사업을 추진할 때 구엘 공원 뱀 모양의 의자를 본떠 청자를 이용한 타일모자이크 벤치 설치를 제안해 본다.

아울러 청자 관련 건물에는 청자타일과 형형색색의 타일로 외관을 꾸며 동화 속에 나오는 건물을 만들었으면 하는 바람이 간절하다. 그렇게 된다면 또 하나의 포토존이 만들어질 것이다.

우리 강진 청자촌에 접목하고픈 마음 간절하여 구엘 공원의 책 한 권 구입하여 군수님께 전해드렸다.

어쩌면 강진 군민들도 청자촌을 찾는 관광객들도 오랜 기간 동안 큰 변화 없어 식상함을 느끼고 있는 청자촌을 사시사철 편안함으로 접할 수 있도록 탈바꿈시켜야 한다는 생각이 간절할지 모른다.

현재 모자이크 분수 도마뱀 형태와 구불거리며 물결치는 뱀 모양 형태의 타일 벤치가 광장을 둘러싸고 있다. 공원 정상에 오르면 멀리 지중해와 바르셀로나 시내가 한눈에 들어온다.

파란 하는 끝없이 펼쳐진 바다, 조화로운 건축물, 쭈욱쭈욱 뻗은 나무들, 억지 부리지 않고 자연스런 절경들이 오랜 시간 내 기억 속에 사라지지 않으리라.

무서운 세상

무서운 세상이다. 부모를 죽인 패륜아 출몰은 약과요, 제가 낳은 자식을 학대해 죽음에 이르게 한 부모의 기사도 한둘이 아니다. 그들에게는 기리던 어버이 여의고 순식간에 하늘이 무너지는 천붕지통(天崩之痛)의 아픔이나 돌연한 자식의 죽음에 온 천지가 캄캄한 어둠으로 변했다는 상명지통(喪明之痛), 그 폭 깊은 슬픔의 영역을 감당하는 가슴 부위가 있기나 한 것인가.

대학을 졸업하고 결혼까지 했으나 경제적 능력이 없어 부모에게 얹혀사는 캥거루족이 출발이었을까. 그 몰염치한 어느 날 재산을 노리고 형과 어머니를 무참히 죽인 패륜을 저지른다. 자식이 배가 고프면 제 어미를 잡아먹는다는 맹금조류 올빼미족으로 진화한 것이다. 어찌 부모 자식 간에만 벌어지는 불상사일까. 30년 형을 선고받은 강남의 살인 사건은 그야말로 묻지마 범죄의 원형이다.

생면부지의 남에게 폐해를 끼치는 무리를 이르는 말인 '모르몬 귀뚜라미'가 새 단어가 등장할 판이다.

1848년 모르몬 교도들이 모여 사는 솔트레이크시에 귀뚜라미 떼가 출몰했다. 한 해 농사가 한순간에 날아가 버릴 위기였다. 그때 어디선가 날아온 갈매기들이 귀뚜라미를 모조리 잡아먹었다. 이를 두고 모르몬 교도들은 '갈매기의 기적'이라 부른다고 한다. 이후부터 그 귀뚜라미를 '모르몬 귀뚜라미'라고 명명했다고 하니, 그 귀뚜라미는 사실 귀뚜라미가 아니라 여치에 가까운 곤충이었다. 수년에 한 번씩 먹이가 부족할 봄에만 떼 지어 북아메리카 서부 지역을 횡단한다고 한다. 메뚜기처럼 생겼지만 날지 못하고 걸어서 이동, 하루에 2km씩 최대 10km를 이동하는 이 모르몬 귀뚜라미는 적당한 먹이가 없을 때 동료를 공격하는데 대략 17초에 한 번씩 동료를 공격하는 것으로 조사됐다. 그래서 귀뚜라미들은 제각각 동료에게 잡아먹히지 않으려고 일정한 거리를 둔다. 그 거리를 유지하고 옮기다 보니 결국 전체가 떼를 지어 행진하는 모양새가 됐다는 것이다. 이를 두고 '강요된 행진'이라고 부른다.

사막 메뚜기도 마찬가지다. 사막 메뚜기가 지나가는 곳은 그야말로 쑥대밭이 된단다. 인류 10명 중 1명꼴로 사막 메뚜기로 인한 생계 위협을 받을 정도란다. 원래 사막 메뚜기는 동료와 격리되어 홀로 사는 곤충이다. 그럴 땐 행동이 유순하단다. 그런데 어느 순간 떼를 이루게 되면 포악해진다. 놀랍게도 이들에겐 다른 곤충처럼 번데기 과정이 없다. 이른바 불완전 변태곤충이다.

알에서 어린 새끼, 어른벌레 순으로 자란다. 사막 메뚜기의 새끼는 초록색을 띠지만 떼를 지으면 검은 몸에 노란 줄이 선명해지는 변화가 일어난다.

곤충학자들의 연구에 따르면 뒷다리의 감각모를 자극하면 이 같은 변화가 일어난단다. 이 뒷다리 자극의 주범이 동료다. 먹이가 부족해지면 메뚜기들은 동료에게 군침을 삼키는 것이다. 그 공포가 몸 빛깔까지 변화시키는 것이다. 동료가 다가오면 세르토닌 호르몬이 나와 변화를 유도한다. 실험실에서 세르토닌을 주입하자 독거 메뚜기가 군집 메뚜기로 변했다. 반대로 세르토닌 주입을 억지로 차단하자 독거 메뚜기로 남았다.

기나긴 답답함을 참아내며 경거망동하지 않는 인내의 시기인 번데기 시절을 거치지 못한 사막 메뚜기, 채 성숙치 못한 인격으로 애어른이 된 요즘 세대들을 이르는 말로 이보다 더 적당할까. 웬만한 어른 뺨치는 잔인함으로 아이답지 않은 무서운 아이가 벌인 최근 인천의 어느 초등학교 앞 놀이터에서 벌어진 끔찍한 사건이다. 초등학교 6학년 손 모 군이 근처의 다른 초등학교에 다니는 6학년 신 모 군을 칼로 찌른 것이다. 피해 아동은 생명엔 지장이 없다지만 파상풍 감염이 우려되어 병원에서 치료 중이라니.

사고 원인은 카카오톡 문자를 주고받을 정도로 친했던 둘 사이에 카카오톡 대화 중 서로 욕을 한 것이 시비로 번졌다. 결국 학교 근처에서 만나자고 해 싸움 끝 칼부림까지 하게 된 것이다. 미리 준비해 간 등산용 접이식 칼로 배를 찔렀다는 기사에 놀라

벌어진 입이 다물어지지 않는다. 겨우 열두 살에 불과한 소년이! 떼 지어 강요된 행진을 한 메뚜기들처럼 가해 소년도 피해 소년도 몇 명의 친구들을 동반하고 현장에 나타났다는 유사점에 더 더욱 소름이 끼친다.

모르몬 귀뚜라미나 메뚜기의 강요된 행진은 요즘 학교를 떠올리게 한다. 많은 아이들이 언제든 친구들에게 집단 따돌림, 즉 왕따를 당할지도 모른다는 두려움을 안고 사는 현실이다. 아이들은 왕따를 당하지 않으려고 다른 친구를 왕따 시킨다. 인터넷이나 카톡에 악성 댓글이 오르면 그보다 더 지독한 댓글이 줄을 이어 붙는다. 먹히지 않으려 동료의 아킬레스건인 뒷다리를 자극하는 메뚜기 떼와 흡사하다.

그를 방지하기 위해 상담교사나 부모가 하는 역할을 친구가 해 주길 바라는 염원으로 몇몇 학교에서 시작한 게 이른바 '또래치유'라는 프로그램이다. 서로의 눈을 마주보고 '친구의 고민 들어 주기', 그 효과는 기대 이상 높다는 통계인데…. 어쨌든 갈수록 무서운 세상이다. 아이들 눈에 비친 어른들의 부조리한 행위가 아직은 어린, 미성숙한 메뚜기인 그들로 하여금 이런 끔찍한 흉내 내기를 하게 만든 건 아닐까.

너나없이 탐욕으로 눈먼 인간 메뚜기들이 벌인 끔찍한 범죄가 차라리 우리의 귀를 틀어막고 싶게 한다. 포악한 모르몬 메뚜기들이 스쳐 지나간 들판에 생명의 흔적이 깡그리 사라지듯 온갖 살벌한 범죄가 휩쓰는 이 지상에서 우리는 과연 무엇을 기대할 것인가, 날로 무서워지는 세태가 두렵기만 하다.

코로나와 사랑의 온도탑

폭설이 종일 내리는 오후 내내 나는 창가에 망연히 눈 내리는 풍경을 보며 자못 을씨년스럽게 앉아 있다. 이것저것 할 일은 넘치는데 좀체 손에 잡히지 않는다.

어느새 2월 초입, 명절이 코앞에 다가온 시점이다. 자식들 위해 음식을 장만하는 그 즐거움에 사로잡혀 있을 어머니들이 아니던가. 시장 골목 떡방앗간 떡 익는 냄새도 그렇고 어린아이들 복주머니 달린 꼬까옷들은 손님을 기다리고 있다. 시장 골목마다 넘치는 그 전경 가슴을 뛰게하던 행복한 기다림! 오랜만에 자식들 만남에 대한 기대감이다.

이 모두 코로나, 그 대단한 기세의 역병의 폐해다. 이 모두를 이룰 수 없는 꿈으로 만들고 말았다.

“아이구! 집집마다 명절에 찾아올 자손들 싸 주려고 이것저것 장만해야 대목장이 이루어지고 설맛이 제대로 나지, 엄살이 아니라 여영 사람 구경하지 못한다는 말이 절로 나오는데 이어디 설이라 이름이나 붙이겄소."

이런 푸념들이 어찌 전통시장에서만 터져 나올까. 삼삼오오 떼지어 일상의 묵은 스트레스를 풀던 노래방 불빛도 깜깜하고 특유의 맛으로 사람들의 발길을 끌던 음식점도 휴업 상태, 거리는 일찌감치 소등하여 적막 그 자체다. 생계 위험에 처했다는 게 더 이상 남의 일이 아니다. 자영업자라면 너나없이 힘든 상황. 5인 이상 모임 금지로 발이 묶였으니 답답하기만 하다.

좀체 기세가 꺾이지 않는 코로나로 인하여 정부는 현재 거리두기를 수도권 2.5단계, 비수도권 2단계로 전국적으로 사회적 거리 단계를 2주 연장하는 결정을 내렸다. 대목이라 칭하는 설 명절은 멀리 떨어졌던 일가친척들이 모여 서로의 안부를 나누는 절호의 기회 아닌가. 그런데 직계가족이라도 사는 곳이 다르면 5명 이상 모여서는 안 된다는 정부지침이 내려졌으니 사상 초유의 사태다. 평범한 일상을 누릴 수 없는 현실, 우리 모두 슬픔이란 등짐을 진 채 고향 쪽으로 발걸음조차 뗄 수 없는 참으로 불행한 방랑자 신세로 전락했다.

고향으로 향하는 발걸음을 이번엔 제발이지 잠시 멈추소서! 권하는, 우리의 고향길을 말리려는 아픈 속내에서 나온 뼈 아픈 결정이란 걸 누가 모를까.

"어머니 저희 강진 가면 반겨 주실 거지요?"

명절의 설렘 가득한 목소리로 묻는 며늘아기에게 “오지 마라 코로나 5인 이상 집합금지다.” 이렇게 매몰차고 아픈 결정타를 날렸다.

이번 설은 조기 몇 마리 굽고 떡국뿐 약식으로 예배드린다. 아픈 만큼 성숙해진다는 것은 노랫말만이 아니었다. 하지만 놀라운 것은 이 어렵고 힘든 시기에 그 어느 때보다 기부 행렬이 이어진다는 뜻밖의 소식이다. 본디 100도를 달성해야 완성되는 사랑의 온도탑들이 각 지자체 모두가 하나 같이 목표치 온도를 초과했단다. 서울은 114.5도 무려 450억 넘는 돈이 기부되었고 광주 역시 101.4도로 책정한 목표 온도를 초과 달성했다. 무엇보다 놀라운 성과를 낸 곳은 우리 전남이다. 농도(農道)인 탓에 사실 코로나로 인해 다른 지역보다 더욱 고통을 겪고 있는 지역이 아니었던가. 그런데 전남의 온도탑은 무려 140도를 기록, 70억 목표액을 훌쩍 뛰어넘은 성금이 모금되었다.

관공서에 자신의 이름도 밝히지 않고 행여 남이 볼세라 몰래 거금이 담긴 봉투를 두고 간 이들, 봉투엔 주소 대신 ‘적은 금액이지만 어려운 이웃을 위해 써주십시오’가 겸손한 글씨체로 적혀 있었더란다. 한 숟갈 한 숟갈이 모여 밥 한 공기의 기적을 이룬다는 십시일반(十匙一飯)이라는 흔한 사자성어가 이토록 가슴에 와 닿을 줄이야! 한 술 한 술 뜨거운 사랑이 담겨 가득 넘쳐나는 고봉밥이다. 코로나로 힘들고 지친 이들이 이 따뜻한 사랑의 온도로 추운 겨울 생의 원기를 반드시 되찾으리라 믿는다.

라임카페

강진에 초입 변두리 우리 집 맞은편에 어느 날부터인가 리모델링 작업이 한창 벌어졌다. 공허하기만 한 산업현장 광고사였던 곳에 기계 소리가 요란히 울려 퍼지더니 날마다 기술자들이 동원되어 하루하루 색다르게 바뀌는 모습을 지켜보는 재미가 쏠쏠했다.

그러던 어느 날이다. 산뜻하게 갈아입은 코발트색 벽이 너무도 인상적이더니 마침내 격자형 창살에 짙은 자줏빛 차광막이 돋보이는 예쁜 카페가 탄생했다. 「목신에의 오후」라는 곡명이 절로 생각나는 날이던가. 비에 축축이 젖은 오후 무렵 나도 모르게 발길이 향해 출입문을 열고 들어섰다.

실내는 색색의 조명등이 영롱한 빛을 발하고 오밀조밀한 장식품들 사이사이 화사한 양란과 목단꽃이 흐드러졌다. 지인들이 보내온 개업 선물이리라. 갖가지 화초가 심어진 분과 나무들이 서로 자랑이나 하는 듯 나풀거린다. 잔잔하게 흐르는 음악과 향기로운 꽃, 은은한 차향이 오감을 터치한다. 이런 분위기의 장소라면 저 가슴 깊게 감추어 두었던 비밀스런 얘기들도 절로 나올 것 같다.

카페를 하나의 문화로 정착시키고 유행시킨 건 프랑스이지만 카페의 원형이라고 할 수 있는 행태가 처음 나온 것은 오스만 제국이다. 1611년 이스탄불에 문을 연 '카흐베하네(kahvehane)'가 카페의 원형. 프랑스인들은 이것을 흉내 내어 1654년에 파리에 최초로 카페라는 이름을 붙인 것이란다. 주인의 개성 넘치는 그 공간에서 미술과 문학, 그리고 철학이 찬란한 꽃을 피웠다. 고흐, 고갱, 피카소, 모딜리아니, 보들레르, 랭보, 헤밍웨이, 사르트르 등등 그들의 삶과 예술과 사랑이 싹트고 무르익었던 곳이 카페다.

본디 커피는 이슬람 수피들이 종교의식에 사용하는 신성한 각성제로 복용하였다고 한다. 카페의 출발인 카흐베는 커피를 뜻하는 말이다. 거기에 여관 선술집을 이르는 하네가 합해 카흐베하네가 된 것인데 카흐베의 어원은 카흐로 이 말은 자극과 활기를 불어넣는다는 뜻이란다. 19세기 중반 이후 카페는 노동자 계급의 문화를 형성하는데 크게 기여를 하게 된다. 커피, 술, 음식을 파는 다양한 형태의 카페가 등장한 것이다. 비좁은 거주 공간에서 부대끼며 살던 노동자들은 언제나 같은 장소에서 자신들을 반가이 맞아주는 주인이 있는 숨통 트이는 공간에서 동질감과 소속감을 느꼈으리라. 그들은 동료들과 어울려 친목을 나누며 일주일의 피로를 풀 휴식을 병행할 수 있는 장소가 카페였기에 일요일이면 교회 대신 대부분 시간을 카페에서 소일했다 한다.

우리 근대 역사 속에서도 고급문화의 산실이 되었던 곳도 다방, 즉 카페였다는 것을 부정할 수 없다. 최근 들려온 반가운 소식이다. 음식 문화로 콧대 높은 곳이 프랑스, 그런데 카페의 본고장인 프랑스에서 팥빙수와 떡 등의 메뉴를 커피와 곁들인 우리식 음식과 리모델링으로 대결한 독특한 카페로 큰 성공을 거둔 젊은이가 등장했단다. 세계 어느 나라 사람들보다 입맛 까다로운 프랑스인들을 사로잡은 건 무엇보다 다양한 맛을 제공하는 우리식의 커피 메뉴에 있다고 하니 이 또한 맛의 한류가 아닐 수 없다.

오늘도 내 집 건너편 카페는 성황 중이다. 들랑날랑 많은 손님이 즐겁고 행복한 이야기꽃을 피우며 눈부신 축제가 열린다. 바란다면 부디 이곳 강진의 문화의 산실로 우뚝 자리하기를 기원해 본다. 어느 가을날 황혼 속으로 햇살 홀연히 떠나 허전한 날이라던가, 한줄기 빗줄기 세차게 내리친 비 그친 오후 나 역시도 그 축제의 현장을 살며시 찾아보리라.

6

어머니는 제 인생의 나침반

영국의 총리 윈스턴 처칠, 미국의 전 레이건 대통령, 어머니 은혜를 작곡한 이흥렬도 나의 가장 위대한 스승은 그 분은 바로 나의 어머님이십니다. 어머니는 제 인생의 나침반이었습니다.

타산지석(他山之石)

양어깨를 누르는 남다른 책임감에 마음이 무겁다. 군의원이란 직함을 달고 강진군의회에 입성한 이후 날마다 군정에 임하는 나의 소회가 그렇다. 하나라도 더 배우고 탐구하는 심정으로 나날이 새롭고 분주하다.

드디어 제7대 의회가 원 구성되고 의원들의 역량 강화를 위해 마련된 뜻깊은 기회이다. 4박 5일의 일정의 국외연수는 타산지석(他山之石)의 소중한 기회, 이를 통하여 전반기 의회 원 구성에 따른 의원 상호 간 화합된 분위기를 조성하고 의정 활동에 필요한 정책대안을 연구하며 강진군 의정을 충실히 할 것을 다짐하라 책정된 귀한 시간이다.

일본 홋카이도(北海道) 연수 길에 올랐다. 비록 일주일도 안 되는 짧은 연수 기간이었지만, 맡겨진 무거운 어깨의 짐을 잠시나마 내려놓고 그곳과 우리 강진이 아울러 상생을 도모하는 기회가 아닌가. 두 지역이 접목할 수 있는 한 가지라도 더 배워가겠다는 부푼 생각과 열정으로 눈을 두리번거렸다.

쿠릴열도와 사할린, 그리고 우리의 동해와 태평양을 접한 일본 최북단에 자리한 섬이 홋카이도다. 일본 열도에서는 두 번째로 크고 세계에서는 21번째의 면적인 거대한 섬이기도 하다. 겨울의 평균 기온이 영하 8도 최저 기온은 영하 40도를 육박할 만큼이지만 그 약점을 오히려 강점으로 역이용해 세계의 관광객을 불러 모으는 곳이기도 하다. 그 홋카이도의 여정 중에서 가장 인상적이었던 삿포로에서의 이야기를 소개해 볼까 한다. 홋카이도의 도청 소재지인 삿포로에 들어서자 우선 반듯한 건물들과 도로가 인상적이었는데 이 삿포로에서 가장 기억에 남은 것은 삿포로 시의회를 방문하게 된 것이다.

삿포로 시의회는 68명의 의원으로 구성되어 총 10개의 지역구에서 선출된다고 하니 한 지역구당 6.8명의 의원이 선출된 셈이다. 적지 않은 숫자의 의원들이니 제 맡은 구역의 현황과 문제점들을 보다 세심히 살피지 않을까. 시의회 담당 직원의 안내로 본회의장과 각 위원회 위원장실을 안내받았다. 비록 짧은 시간이었지만 진지한 담화가 오고 갔다. 그동안 독도 문제니, 종군 위안부 문제, 또한 빈발한 양국 간 반목의 골이 깊다면 깊던 한일 관계의 껄끄러움, 그 우려는 저 멀리 사라졌다. 마지막 친교의 자리에서 나란히 기념사진을 찍는 양국 의원들의 표정은 따뜻했다.

걸어서 몇 분 안 되는 거리에 자리한 오오도리 공원이다. 공원에 도착하자 적당한 습도를 지닌 시원한 바람이 먼저 우리를 반겼다. 유난히 시원한 여름 날씨로 전국의 피서 인파가 모이는 곳이라고 했다. 전형적인 삽상한 가을 날씨에다 오오도리 공원의 잔잔한 풍광이 우리의 피로를 저만큼 달아나게 했다. 명실상부 홋카이도 시민들의 휴식 공간이며 1.5km의 길이를 자랑하는 공원길은 도시경관 100선으로 선정되기도 했단다. 삿포로의 랜드마크인 오오도리 공원은 이미 국제도시 삿포로의 상징으로 등극되었다. 꽃, 미팅, 프런티어, 오아시스, 교류 등 5개의 테마 존으로 구성된 공원에서 구역별 조각들과 분수를 살피는 즐거움이 쏠쏠했다.

캐나다 앨버타주, 미국의 매사추세츠주, 러시아의 사할린, 그리고 우리나라의 부산과 경상남도와 자매결연을 맺어 활발히 교류 중인 홋카이도의 상징인 오오도리 공원은 계절마다 열리는 축제를 자랑하는 곳이며 일본의 다양한 축제 중에서 가장 유명한 눈 축제가 매해 2월마다 열리는 곳으로도 유명하다 한다. 절기 탓에 세계적인 조각가들의 얼음 조각이 전시되어 관광객이 모여드는 삿포로의 백미를 직접 볼 수 없어서 유감이었다. 그동안 사진과 지인들의 여행담으로만 익히 들었던 오오도리 공원의 눈 축제, 그 규모와 아름다움의 위용을 직접 감상할 기회가 된다면 사랑하는 가족들과 함께해 보리라는 마음이 간절했다.

오오도리 공원 안쪽으로 들어서자 147.2m의 높이를 자랑하는

TV타워가 눈에 들어왔다. 밤에는 조명을 비춰서 야경이 대단하다는 TV타워는 삿포로의 상징적 존재이기도 하고, 현재 시간을 보여줘 지금 여기에서의 시간의 의미를 한 번 더 되돌려 생각해 보게 했다. 다음 코스는 붉은 벽돌로 되어 있는 도청 구청사로 500년 전 건물 그대로란다. 기념관 역시 500년 전 그 모습 그대로 보존되어 있는 모습이 놀라웠다. 역대 장관과 시장, 도지사들의 사진들에 전통을 그대로 재현하고 보전한 모습들, 너덜너덜한 오래된 광목천으로 덮인 의자에서 그곳의 역사가 생생히 보이는 듯했다. 새롭고 깨끗한 것만 선호하는 우리의 전형적인 특성과 달리 일본인들의 전통에 대한 무한한 사랑과 긍지, 그리고 신념에 가깝도록 옛것을 수호하는 깨인 정신이 새삼 우리의 자세를 되돌아보게 했다.

다음으로 이동 도착한 곳은 오타루 운하이다. 오타루는 20세기 초반까지 무역 중심지였던 곳으로 지금은 그 역할이 미미해졌지만, 유리공예, 운하, 오르골당 등등으로 인한 고풍스럽고 낭만적인 거리의 분위기로 가족 단위 여행객을 위한 단골 휴양지란다. 1km가 조금 넘는 길이의 오타루 운하 산책로는 운하의 보존을 위해 한쪽만 매립돼 산책로로 활용되는데 이것으로 오늘날의 국제적인 관광지가 만들어졌다니. 게다가 오타루 시 운하 주변 살리기는 누구보다 주민이 중심이 되어 지금의 관광의 명소인 오타루 시를 만들었다니 더욱 감동적이었다. 운하는 그대로 지키면서도 그곳을 이용하는 관광객들을 위한 편리함을 도모한 오타루 운하, 그 산책길을 걸으며 우리 강진군에서도 옛것을 다듬어 랜드마크로 내세울 천혜의 관광자원은 없는가 하고 홀로 골똘히 생각해 보았다.

대한민국의 남쪽 강진군과 일본 열도 최북단의 섬 북해도는 아름다운 풍광과 역사성을 갖춘 곳이라는 공통점이 있다. 삿포로에서 머무는 동안 보고 느낀 것을 기록해 놓은 내 작은 수첩을 펼쳤다. 채 정리되지 않았지만, 깨알 같은 메모들이 여행의 소중한 밀알처럼 오달지다.

『전남수필』 2015년

어머니는 제 인생의 나침반

누구에게나 하루하루는 소중한 날들이다. 하지만 당신의 슬픔도 기쁨도 아픔도 하나 같이 아들의 성공에만 맞추었다고 할까. 아들이 큰 뜻을 이루기만을 학수고대하며 메마르고 척박한 현실 속에서 온몸은 만신창이요, 손발이 다 닳도록 매일매일을 고통과 한숨 속에서 나날을 보내는 어머니, 그 거룩한 어머니를 소개해 보련다.

때는 일제 강점기다. 이흥렬(李興烈)이라는 음악에 남다른 재능이 많은 청년이 있었다. 얼마 후 그는 보다 본격적으로 음악공부를 하기 위해 일본으로 유학을 떠났다. 그러나 작곡을 위해서는 피아노가 필수 요건, 피아노를 준비하지 않으면 제대로 된 음악공부를 할 수 없다는 것을 깨달은 것이다. 겨우겨우 유학경비를 마련한 가난한 고학생의 처지가 아닌가. 몇 날 며칠 전전긍긍하던 그는 자신의 성공만을 기대하고 계실 고국의 어머니께 편지를 썼다.

'어머니, 피아노가 없으니 음악공부를 더 이상은 할 수 없어요. 음악에는 피아노가 필수라는 것을 뒤늦게야 알았습니다. 어쩔 수 없이 소자는 음악공부를 이만 접고 귀국하려고 합니다.'

어머니는 혼자 몸으로 그동안 아들 뒷바라지를 하느라 가진 것도 없었고 더구나 아들의 유학자금 마련으로 늘어난 빚만 고스란히 남았던 처지였다. 그런데 학업을 포기하려 한다는 청천벽력 같은 아들의 편지에 어머니는 망연자실. 다음 날 새벽부터 땅거미가 질 때까지 동네 근처부터 원거리의 산이란 산을 모조리 뒤져 쉼 없이 솔방울을 긁어모았다. 손끝이 문드러지고 가시덩굴에 온몸은 피투성이가 되었지만, 당신 몸은 아무래도 좋았다. 그 지성이 하늘에 통했을까. 불쏘시개로 화력이 좋은 솔방울로 거금 400원을 만들 수 있었다. 1930년 당시 쌀 한 가마는 13원이었으니….

낙담에 빠졌던 아들은 어머니의 피 어린 정성이 일군 그 돈으로 피아노를 샀다. 아들 '이흥렬', 그가 첫 작곡한 노래가 시인이며 문학박사인 양주동님의 시(詩)에 곡을 붙인 「어머니의 마음」이다.

낳으실 제 괴로움 다 잊으시고,
기르실 제 밤낮으로 애쓰는 마음,

진자리 마른자리 갈아 뉘시며,
손발이 다 닳도록 고생하시네.
하늘 아래 그 무엇이 넓다 하리요,
어머님의 은혜는 가이 없어라.

어려서는 안고 업고 얼러주시고,
자라서는 문 기대어 기다리는 맘,
앓을 사 그릇될 사 자식 생각에,
고우시던 이마에는 주름이 가득,
땅 위에 그 무엇이 높다하리요,
어머님의 희생은 지극하여라.

사람의 마음속엔 온 가지 소원,
어머님의 마음속엔 오직 한 가지,
아낌없이 일생을 자식 위해,
살과 뼈를 깎아서 바치는 마음,
인간의 그 무엇이 거룩하리요!
어머님의 사랑은 그지없어라.

어찌 이흥렬뿐일까. 인류에 공헌한 큰 인물들과 그들의 어머니에 얽힌 일화는 많다. 제2차 세계대전을 승리로 이끈 '윈스턴 처칠'이 세계적인 인물로 부상했을 때 영국의 한 신문사가, 유치원부터 대학까지 처칠을 가르친 교사들을 전수 조사해서 「위대한 스승들」이란 제목으로 특집기사를 실었다. 그 기사를 읽은 처칠은 신문사에 자신의 마음을 담은 짤막한 편지 한 통을 보냈다.

'귀 신문사에서는 나의 가장 위대한 스승을 찾아내지 못했습니다. 그분은 바로 나의 어머님이십니다. 어머니는 제 인생의 나침반이었습니다.'

미국의 전 레이건 대통령도 어머니날 특집프로에 출연해서 어머니의 사랑을 이렇게 표현했다.

신학기인데도 선생님이 부임하지 않았다. 학생들은 무료한지 여럿이 모여 모래 쌓기를 하고 있었다. 그 광경을 본 한 노인이 안타까운지

"선생님이 어디에 계신지 아는가? 지금 곧장 집으로 돌아가게나! 그대들을 맞으러 버선발로 뛰어나오는 사람이 자네들을 가르쳐줄 선생님이야!"

아들이 대문을 열고 들어서자. 어머니는 아들을 껴안고 말했다.

"왜 이리 늦었어! 배고프지. 어서 들어가자."

그리고 맛있는 음식을 만들어주셨다. 이런 어머니의 정이 인성교육이었다. 그 어머니의 보살핌으로 열심히 공부하여 미국 제35대 대통령이 된 아들이 '존 F. 케네디'다.

이렇듯 역사적인 인물 뒤에는 자식을 위해 끊임없이 사랑을 베풀어 주시는 훌륭한 어머니가 있었다. 신이 너무 바쁜 나머지

자신의 역할을 대신하는 존재로 어머니를 두었다던가. 어머니의 끝없는 사랑과 희생으로 우리는 드디어 완성된다. 어머니야말로 참다운 인간을 만드는 위대한 스승이다. 그래서일까. 생명이 태어나서 제일 먼저 배우는 단어는 '맘마'고 '엄마'다. 태어나서 제일 먼저 보는 것도 엄마의 눈동자다. 언제 생각해도 눈물 나는 이름 어머니!

어머니에 얽힌 글들을 읽은 매순간마다 내겐 소름이 끼치며 코끝이 시큰해져 오는 까닭은 왜일까? 어느 누구에게나 어머니는 계시건만 우리는 그분을 자주 잊는다. 잃은 후 가장 몸서리치며 후회하게 만드는, 젊은이건 나이든 어른이건 자식이라면 누구나 떠올리는 순간 눈물이 쏟아지는 어머니, 눈에 흙이 덮여도 부르고 싶은, 거룩한 어머니란 단어 주름투성이 내 어머니가 나도 매양 그립다.

자원봉사를 하며

다람쥐가 바빠지는 가을이다. 알밤, 도토리가 지천인 절기가 되면 수컷 다람쥐는 닥치는 대로 아내를 얻는단다. 기나긴 겨울나기를 위해 두 볼 터지도록 먹잇감을 주워 모으는데 필요한 노동력을 위해서 취한 숱한 내조자들을 매몰차게 쫓아내고 아늑한 제 굴속에 눈먼 암컷 하나만 남긴다는 영악한 다람쥐. 그런가 하면 오스트리아의 쥐는 각각 집단별로 미래를 대비한 양식창고를 만들어 놓는 습성이 있다고 한다. 굴속에 또 다른 굴을 파서 위기를 대처한 여분의 식량을 비축하는 나름의 지혜다.

인간에게도 욕망 실현의 다섯 단계가 있다고 한다. 그 첫 번째는 오로지 그날, 그날 자신의 목숨을 잇기 위해 일용할 하루치 양식에만 골몰하는 생계 급급의 단계요, 그 다음이

다람쥐나 오스트리아 쥐처럼 내일 먹을 양식을 대비하는 두 번째 단계, 그 저축의 단계를 넘어서기 무섭게 사람들이 꿈꾸게 되는 것이 남보다 더 좋은 것을 소유하려는 욕망이다. 그 부글거리는 욕망을 채우고자 하는 그것이 제3단계다. 남보다 더더욱 잘 살려고 안간힘 하는 대다수 사람들의 생존 이유다. 갑남을녀가 꿈꾸던 세 번째 단계를 이룬 후면 마침내 창조의 단계를 앙망하게 된다고 한다. 곧 생의 보람을 추구하는 것이다. 돈이나 지위, 자신의 야망에 집착하지 않고 자신을 위해 자신의 길을 걷는 네 번째 단계를 달성하면 마침내 제5단계, 자발적 사회봉사의 단계에 다다른다.

이런 고차원적인 성숙된 시민의식의 실천에 누구보다 열심인 게 미국 사람들이라고 한다. 미국의 주부들은 1주일에 한 번씩 학교의 교사 보조원이라던가, 도서관의 사서 보조, 외국인들을 위한 회화 강사, 하다못해 장애인들의 도우미로, 혹은 복지시설에서 노인을 보살피는 등등의 봉사에 적극 참여한다. 명실상부 아시아 권역 순위로야 상위 서열을 다투는, 이제 경제적으로 살만해진 우리나라가 아닌가. 이제부터라도 오로지 내 가족, 나만 보던 눈을 크게 뜨고 멀리 살펴보자. 우리의 손길을 필요로 하는 이들이, 아니 우리를 기다리는 사람들이 적지 않게 눈에 들어오리라.

지난 이틀 동안 사회 복지 법인체 '자비원'과 '노인 복지 전문 요양원'에서 자원봉사를 실시했다. 아이들 스스로 할 수 있다고는 하지만 어수선한 옷가지들을 정리해 옷장에 넣고, 양말들을 정리하는 일들을 시작으로 실내 청소와 학습 지도, 그리고 음식

조리를 도왔다. 봉사라는 명칭조차 붙이기가 쑥스러운 작은 손길에 불과했지만, 틈틈이 그들의 일상을 유심히 살펴보는 기회가 되었다. 그 와중에 내 눈에 들어온 몇몇 아이들, 그들은 많은 직원들과 원장님의 온정어린 손길로 지도와 관심을 받고 있었음에도 불구하고 사회에 대한 불만과 원망의 모습이 적지 않게 묻어나는 것 같아 안타까웠다. 나의 미소에 억지웃음으로 마지못해 대응하고 흘깃거리는 눈초리로 퉁명스런 반응을 보이는 한 아이가 내 가슴을 아리게 한다. 그것은 아이 특유의 이유 없는 반항이 아니라 우리 사회 속에 뿌리박은 편견의 산물이 아닐까.

사람들로 받은 적대와 따돌림의 상처로 인해 마음의 문을 닫은 아이와 마주앉았다. 최대한 자연스레 시도한 대화였다. 드디어 미주알고주알 그동안 쌓인 이런저런 불만을 털어놓는 아이의 퉁명스럽고 못마땅한 얼굴이, 그 솔직한 모습이 귀여웠다. 제 잘못도 아닌 어쩔 수 없는 환경으로 이곳에 오게 된 아이에게 쏟아진 잘못된 시선들, 그 작은 가슴이 감당하기에 버거웠을 고정관념이 참으로 부끄러웠다. 나는 그 아이와 결연을 맺고 매월 만 원을 온라인으로 입금하고 학교 행사라든가 부모가 필요한 때 엄마 역할을 해 주기로 약속하고 돌아왔다. 꼭 금전이 아니더라도 진즉에 이런 아이들을 만나 제 얘기에 귀 기울여 주는 따뜻한 엄마 역할을 해 주고 사랑을 베풀어 진심으로 엄마처럼 이 아이를 도와야겠다는 생각을 갖게 되었다.

이튿날에는 노인 전문 요양원에서 자원봉사를 하였다. 노인들을 목욕시켜 드리고 음식 조리 등의 일을 도왔다. 찜통더위에도 불구하고 그 많은 양의 음식을 하루 종일 준비하는 분들의 노고라니! 그분들의 사랑의 손길과 거룩한 천사의 마음에 나 또한 하루 봉사자가 아니라 내 자신을 다듬고 힐링하는 그런 계기를 맞은 듯하다. 휠체어를 밀어드리기도 하고 이야기도 들려 드리며 마음을 나누었다. 노인분들이 참으로 행복하다고 기쁜 웃음을 지으실 때 나도 함께 무엇인가 좋은 일을 해낸 것 같은 마음이 들었음은 물론이다.

경제적으로는 눈부신 발전을 이룬 우리, 하지만 자칫 소홀하기 쉬운 게 사회적 약자에 대한 배려다. 사회의 급격한 변화로 인해 이혼율이 증가하고 핵가족에 인구 고령화로 인해 홀로 사는 노인들이 소외되고 있는 현시점에선 아동복지와 사회복지가 절실하다. 찬바람 쌩쌩 부는 추운 겨울날 따뜻한 실내에서 나만 편안하다 만족할 것인가. 그런 행태야말로 가을 내내 함께 수고한 암컷들을 쫓아내고 저 혼자서 오물오물 먹거리를 탐하는 저 탐욕스런 다람쥐에 다름없지 않은가. “평생을 봉사로 일관한 사람은 누구일까?” 이 수수께끼의 답이 심청의 아버지 심학규란다. 심봉사와 深奉仕는 동음이의어에서 나온 우스개로 이는 자발적 참여의 사회봉사가 아직도 우리에겐 굳건히 뿌리 내리지 못한 세태를 풍자하는 것 같아 쓴웃음이 지어진다. 나 역시 이번 봉사활동을 통해 ‘우리’라는 테두리 속의 내 가족과 내 주변 사람들만을 챙겼던 그동안의 내 모습을 반성하는 계기가 되었다.

새 희망을 꿈꾸며

새날이 밝았다. 또박또박 내 안으로 걸어 들어온 손님처럼 새해가 왔다. 엄청난 우레처럼 몰아닥친 이 나라 모두를 어둡고 침울함에 빠지게 했던 세월호 사건을 비롯해 날로 증가하는 자살자들, 그리고 입에 올리기에도 섬뜩한 잔악한 사건 등등으로 얼룩진 지난해, 아무튼 이런저런 사건들을 뒤로하고 2014년은 저 멀리 역사 속으로 자취를 감췄다.

새해 벽두에 문득 떠오른 경고의 글귀다. 전국의 교수들이 새해 바람을 담아 뽑은 사자성어 '정본청원(正本淸源),' 이는 한서(漢書)의 형법지(刑法志)에서 나온 말로 '근본을 바로 세워 그 근원을 맑게 한다'는 뜻이다.

어느 굴지의 대기업에서는 신입사원을 채용한 후 맨 먼저 맡기는 임무가 청소라고 했다. 가장 기초적인, 생의 기본자세가 된 사람을 회사의 동량으로 기르고 그 각오를 지닌 직원을 눈여겨 살펴보고자 하는 고용주의 마음이리라. 또한 우리의 옛 어른들 역시 새해 벽두를 마을 공동 샘을 청소하는 걸로 시작하셨다. 제 주변부터 깔끔히 정리 정돈하는 자세를 중히 여기던 그 근본 중시의 아름다운 미풍양속의 전통이 어디서부터 허물어지게 됐을까.

다시 돌아보기 싫은 어휘들이 뇌리를 스친다. 관피아의 먹이사슬, 의혹투성이 자원외교, 비선조직의 국정농단… 이 모두가 우리를 마치 온갖 오물이 뒤엉켜 물꼬 막힌 마른 우물을 보는 답답함으로 내몬다. 갈수록 치열해진 취업난에 젊은이들이 일자리를 찾아 서울의 고시촌에서 쪽잠을 자며 콩나물시루 같은 강의실에서 공부를 하고 길거리의 빵 한 조각과 오뎅 국물로 허기를 채우며 바늘구멍 같은 취업의 기회를 얻기 위해 때아닌 비지땀을 흘리고 있는, 최근 들어 더더욱 가파른 수치로 치닫는 청년실업의 문제도 심각하다.

새파란 나이의 북한 김정은이 시대에 뒤떨어진 권력 세습으로 머리 허연 노인들을 다그치는 볼썽사나운 작태! 대기업 오너 일가의 경영 세습 역시 그것에 못지않다. 고작 삼십을 넘은 나이에 아버지 회사의 요직을 차지해 머리 허연 부하 직원들을 호령하고 있지 않은가. 진정한 기업인이라면 자식에게 재산을 물려주려는 욕심보다는 과연 내 자식이 그 자리의 적임자인가 철저히 따져 보고 맡기는 것도 그 못지않게 중요한 일이 아닐까 싶다. 자신에게 맞는 좋은 일자리를 꿈꾸고 있는 부지런한 젊은 일꾼들에게 공정한 사회가 되어야 한다. 취업 전선에서 낙오되어 혼기마저 놓친 40대가 수두룩한 우리의 아들딸들이 점보 비행기를 말 한마디로 회항시킬 만큼 위세당당한 창업자의 따님들을 보며 느낄 위화감은 또 어찌할 것인지. 양질의 일자리를 창출하지 못하면 세계 경제전쟁에서 도태될 것이라는 지적도 맞다.

새해 첫날, 하얀 눈으로 뒤덮인 산야의 찬 공기는 우리의 정신을 해맑게 하는 청량제 역할을 해 준다. 이 맑은 정신으로 언제나 청청하게 깨어있으리라는 다짐을 해 본다. 눈 똑바로 뜨고 내 주변부터 철저히 살피는 자세를 회복해야 하리라. 새해 새날은 어지러운 상태를 벗어나 새롭게 나라를 건설한다는 회천재조(回天再造)의 자세로 거듭나기에 좋은 기회가 아닌가. 곧은 사람을 기용하면 굽은 사람도 곧게 만들 수 있다는 것도 우리 시대 지성들이 새해에 바라는 소망의 문구이다. 을미년 새해 첫날, 충혼탑에 참배를 드린 후 바라본 눈 내린 강진의 포근한 풍경 위로 변화 발전된 강진의 모습이 겹쳐지면서 어느새 마음은 설렘으로 가득해졌다.

잔잔한 미풍의 근원지가 되고픈 우리의 강진! 지그시 눈을 감고 떠올려보는 흐뭇한 내 고장 강진의 풍경이다. 오감누리타운, 마량수산물 토요시장과 농축수산물 직거래센터는 연일 사람들로 북적거리고 아이들의 손을 잡은 엄마 아빠는 흐르는 감성의 향기를 따라 강진 이곳저곳에서 행복한 추억을 가슴속에 담으며 환하게 웃는 생동감 넘치는 강진의 청사진이다. 바로 그 꿈같은 풍경들이 이제 우리 강진인들의 상상 속이 아니라 바로 눈앞의 현실이 되도록 우리 다 같이 노력해야 할 것이다. 그래서 어느덧 또 을미년이란 한 해를 마무리하여 저 역사 속으로 갈무리를 할 즈음, 군민 모두가 손 번쩍 들고 강진 만세!를 부르는 그 날을 위해 무엇보다 우리 모두 정신의 샘 줄기를 말끔히 하자 다짐해 본다.

『강진문학』 13호, 2015. 11.

마스크대란

민원인 면담이 있어 빠른 출근을 했다.

첫 번째 강진군 종합발전계획 연구원 미팅, 두 번째 코로나19 바이러스 차단을 위한 마스크 공급 관련, 세 번째 마량주민 지역현안 관련 미팅이다. 어느 것 하나 중요하지 않은 것 있으랴마는 그중 제일 시급성을 요했던 것은 마스크 공급 관련 미팅이 아니었을까.

우리는 코로나19로 인한 연일 불안함으로 각종 행사를 무기한 연기하고 특히 유치원부터 학교 개학마저 3주 연기되었다. 종교 단체에서도 각종 집회를 축소시키고 사람이 모이는 곳을 서로가 꺼려하니 일륜지대사인 결혼식마저 미루게 되는 안타까운 현실과 마주하고 있다. 코로나19 확진자가 날로 불어나, 중국 다음으로 많은 확진자가 발생한 곳이 우리나라가 되었으니 통탄할 일이 아닌가.

코로나19로 전 세계적으로 비상사태인 오늘을 어떻게 대비하고 해결해 나갈 것인가가 관건이다. 이런 고민을 하게 되다니 안타까운 마음뿐이다.

평소 잘 알고 지내는 지역구 주민께서 전국적인 '마스크 구입 대란 현상'을 안타깝게 지켜보며 밤잠 못 자고 대책을 구상해 구체적인 자료를 만들어 오셨다. 의사과장, 팀장을 대동해 무거운 마음으로 함께 경청했다. 어제도 마스크 구입을 위해 우체국에서 6시부터 줄을 섰고 3시간 반이 지나서야 마스크 10장을 구입했다고 한다. 그마저도 150여 명 중 절반 정도는 빈손으로 돌아가는 모습을 보며 '이건 아니다.'라는 생각으로 고민했다며 그림까지 그려오셨다. 가구당 마스크 공급 적정량을 책정하고 마스크 구입권은 마을을 총괄하는 이장 등을 통해 발급해 마스크를 필요로 하는 모든 사람들에게 마스크가 공평하게 전달될 수 있게 해 달라는 내용이었다.

1차) 가구당 배당수량
- 1가구 1인 가정 = 10장(구입권 1장)
- 1가구 2인 이상 가정 = 20장(구입권 2장)

2차) 가구당 배당수량 및 교환 가능날짜 조정
* 노약자 장애인 따로 책정

안정적으로 개인별 필요량이 보장되니 줄을 서서 기다릴 필요도 없고 과잉 구매를 할 필요도 없다. 다시 말해, 단일화된 공급 정책을 마련해 마스크 물량 수급으로 어지러운 현시기를 조금만 슬기롭게 헤쳐 나가 보자는 고민의 결실이었을 것이다. 우리는 무분별한 중복 구입과 줄 서기로 인한 경제적 비용 손실을 고려할 때, 충분히 고려해 볼 만한 방안이라고 생각해 방역대책본부에 건의사항으로 전달했다.

그러나 연일 계속되는 어려운 상황 속에서 한줄기 희망을 접하게 된다.

코로나19를 극복하기 위해 아름다운 나눔이 이어지고 있다는 소식이 곳곳에서 전해져 온다. 대구·경북의 위기 상황을 도우려는 따뜻한 손길도 늘어나고 있다. 대구·경북 시민들의 마스크 물량 부족 소식을 접한 이들이 본인이 직접 택배비를 부담하며 마스크를 보내고, 경기도 여주시에 거주하는 한 독지가가 어려움에 직면한 대구 시민들을 위해 1억 원을 기부했다는 따뜻한 미담이 우리의 가슴을 훈훈하게 한다.

살만한 세상이 아닌가. 나라가 어려울 때마다 역사의 선두에 선 위대한 광주 시민들은 병상이 모자라 대구에서 치료받지 못하는 대구의 코로나19 감염 확진자들에게 기꺼이 병상을 내주었다.

삼성, LG, 현대, SK그룹 등 대기업들도 기부 물결에 동참했다. 건물주들은 자발적으로 상가 임대료를 감면 또는 면제해 주는 등 한국판 노블리스 오블리제의 참모습은 가슴마저 뭉클하게 만든다.

귀농한 지인의 sns에 올려놓은 글을 실어봅니다.

저는 농촌으로 귀농한 지 8년이 된 초보 농부입니다. 저희 지역은 아직 한 명도 확진자가 나오지 않았고 신천지 명단에 한 사람도 없답니다. 그래도 불안한 마음에 읍면 소재지 우체국에서 마스크를 판다고 해 비를 맞아가며(나갈 때는 비가 안 와서…) 줄을 섰는데 꽝이었지요! 오늘 배가 아파 읍내에 있는 약국에 약을 사러 갔다가 혹시나 해서 마스크 있냐고 했더니 약사 왈 '단골이니' 하면서 별도 캐비닛에서 KF99 하나를 3,000원에 주더라고요. 약사에게 사정해서 하나 더 사서 두 개를 확보했고 손 세정제는 풀렸는지 약국에 다양한 종류가 있어 두 개 사 오면서 엄청 뿌듯했습니다!!! 우리나라 좋은 나라 중화대한민국 만만세!

우리나라에서 코로나19 확진 환자가 처음 발생한 날이 1월 20일, 벌써 50여 일이 되어 확진자 수는 날로 늘어나고 있다. 3.1운동 정신으로 광복을 이끌었고, 6.25전쟁 폐허 속에서도 민주주의와 한강의 기적을 이뤄내며 늘 위기를 기회로 만들었던 대한민국이 아닌가! 지금은 누군가의 잘잘못을 따지며 정쟁을 하고 있을 때가 아니다. 우선은 정부의 대응에 협력하고 감염병 비상정국이 수습된 후에 엄정하게 강평의 시간을 갖는 것이 현명한 처사일 것이다. 특정 지역이나 국가를 차별하고 혐오하거나 가짜뉴스로 지나친 공포심을 조장하는 것 또한 절대 금기되어야 한다. 우리 국민 모두 이 사태가 조기 종식되어 일상을 살아가는 행복을 누릴 수 있길 기대해 본다.

자꾸 생각나는 남자

코로나 팬데믹에 떠밀려 비어 있는 친정집으로 피신을 왔다. 보일러 기름통에 연료를 넣고 여기저기 스위치를 조절하니 스멀스멀 구들장에 따뜻한 기운이 감돈다. 오래 비워 둔 집이지만 대문을 잠그고 누웠으니 두려움이 없다.

동생에게 전화해서 보일러 켜는 것, 여기저기 사용하는 방법을 터득하고 들어오니 아무 불편 없이 사용할 수 있는 준비가 다 되어 있다. 가져온 짐을 정리하고 혼자만의 조용한 시간 참 오랜만의 휴일인 거다. 엄마의 세간살이를 쭉 둘러본다. 오동나무 삼층장은 여전히 곱게 빛을 내고 있었다. 압다지 위에 이부자리는 여전히 알록달록 곱고 깨끗이 정돈되어 주인 없는 빈 공간이 하나도 어색하지 않는 정겨운 모습 그대로이다.

화장대 위를 보니 어머니 아버지 모시고 제주도 효도

관광시 서귀포 정방폭포에서 찍었던 사모관대를 입은 아버지 족두리를 쓴 어머니 사진이 눈에 들어왔다. 불쌍한 우리 엄마. 한 많은 인생사를 살아온 억울하고 분통 터진 세상사, 볼수록 한스러운 한 여인의 인생이 고스란히 담겨 있는 한 장의 사진이 말해주는 영상이 펼쳐진다.

뜨락에 자목련은 주인의 부재도 모른 채 자목련 짙은 향기가 창호지 문틈 사이로 스며드는, 유년의 집 마루에서 올려다 보이는 건너산 등성이의 진달래도 곱게 피어 연분홍 꽃물결 이루는 한적한 봄날, 그 봄날이 하염없이 가고 있다.

일어나 집안 곳곳을 둘러본다, 창고를 열어 보니 부모님께서 쓰시던 물건들이 눈 맞춤하며 다가온다. 농약통을 비롯해 물주는 조로, 땅을 일구던 공이랑 삽들도 지금 당장 일하러 나갑시다, 권하는 듯 멀쩡하다. 아버지와 잘 맞는 환상의 콤비, 한 조(組)의 농군들이었다. 당신의 짝 누렁소와 일을 마치고 돌아오면 잊지 않고 정성껏 빗질해 주시던 일등 일꾼의 빗도 한쪽에 걸려 그대로인데 아버지 당신은 어디로 가셨단 말인가. 반가운 봄 마중 가듯이 동구 밖으로 내 동생 숙아, 미야, 아버지 찾으러 나서 보자 청해도 본다.

마을 사람들 눈을 피해 뒷산에 올랐다. 아버지께서 산밭에 쟁기질하러 가실 때 따라갔던 유년의 산비탈 밭은 온데간데없고 밭인지 산인지 구분 못할 정도로 황폐해지고 밭 한가운데 아름드리 밤나무만 울울창창, 길마저 없어진 지 오래다. 푹신하게 깔린 낙엽 위에 누워 쳐다보는 파란 하늘엔 한가로이 흐르는 구름을 헤치듯 예쁜 새가 한 마리 날아와 찌찌 대며 꽁지를 흔든다. 인적 없는 산속에 문득 떠오른 애송시, 듣는 이 없지만 낭랑한 목소리로 읊으니 신선놀음이 따로 없다.

나는 어릴 적부터 책을 무척 좋아했다. 할머니께서 "저 가스나 책을 저렇게 하루종일 붙들고 있는 것이 문장 날랑갑다."라고 핀잔을 주시던 기억을 우리 형제들도 가끔씩 이야기한다. 하지만 마음속에 곰실거리는 이야기는 많이 있으나 글로 엮어내고 다른 이의 감동과 공감을 이끌어내기에는 쉽지 않음을 통감하는 매일이다. 두 번째 수필집을 준비하는데 주춤거리고 이리저리 주무르다 지나고 마는 시간들이 아깝고 또 아깝다.

첫 번째 수필집을 냈을 때와 비교해 보면 시간이 지난 만큼 글재주도 늘었을 것 같은데 오히려 줄어들다 못해 바닥이 난 느낌이 든다. 갈수록 늘고 쌓여가는 것이 실력일진대 문학적 소양이 줄어든 느낌이 너무나 아쉽다. 이런저런 상념에 젖노라면 나도 모르게 한탄도 터져 나왔다.

바로 그럴 때마다 스쳐가는 남자가 있다. 이십여 년이 훌쩍 지난 시절 읽었던 에세이집의 저자다. 매력적인 제목의 『여우비 내리는 오후』를 얼마나 감명 깊게 읽었던가. 때론 안타까운 내용, 때론 절로 웃음을 머금게 하는 에피소드, 그 어느 제목의 글이라도 능수능란하게 펼치는 놀라운 솜씨가 우선 부럽기 짝이 없었다. 또한 유려한 문장 속에 면면히 흐르는 정감 넘치는 품성으로 하여 생면부지의 그분이 뵙고 싶은 마음마저 들었다.

이제껏 모은 어줍잖은 글들을 묶어 두 번째 수필집을 내는 요즘 더더욱 그를 생각하는 날들이 많아졌다. 행여 도움이 될까 싶어 다시 꺼내 꼼꼼히 읽어내리면 그분의 글 향기에 취해가는 듯한 느낌이 든다. 책을 놓고 쌓인 내 원고로 눈이 향하면 저절로 맥이 풀린다. 답답한 감마저 드는 내 글에 부끄러움이 밀려온다. 그때마다 묵은 병을 시원하게 치료해 줄 명의(名醫)의 존재인 듯 떠오르는 사람, 지금 그분은 과연 어디에 계실까?

가난한 상념

지난 가을이다. 추석을 맞아 차례 예배를 드린 후 성묫길에 나섰다. 얼마쯤 걸었을까. 인적 없는 풀숲에서 호박이 눈에 들어왔다. 덤불 속에 은둔자처럼 숨어 노랗게 익은 호박 한 덩이. 어디서 묻어왔을까. 어떤 손길의 보살핌도 없이 저 혼자서 잘 여문 호박이다. 숲속 덤불 속에서 가난한 햇빛을 쬐며 조석으로 내리는 이슬에 간신히 목축여 나름 단단히 영글었을 것이다. 이제 이만큼 여물었으니 반드시 나를 필요로 하는 이가 있으리라. 요긴히 쓰일 제 나름 역할에 대한 소명으로 몇 날의 잠도 설쳤으리라. 가끔 휘영청 밝은 저녁달을 올려다보며 저를 찾아 줄 손길을 간절히 소망하지만 깊은 골짜기 숲길을 찾는 발걸음은 없었다.

이렇듯 숲길에서 우연히 발견한 늙은 호박 한 덩이에서

파생되는 내 상념은 꼬리에 꼬리를 문다. 반역이라 죄명으로 졸지에 멸족지화를 당한 집안의 핏줄, 한 사내의 명운도 잠시 스친다. 밤마다 하늘에 무수히 박혀 광채를 발하는 별들, 그처럼 수많은 사람들 속에서 자신과 연결된 사람이 전무하다는 것은 그 얼마나 쓸쓸하고 막막한가. 그 고독 속에서 그의 내면은 더 단단해졌을 것이다. 숲길에서 만난 저 암팡진 호박처럼. 나는 외따른 숲길을 걸으며 이런 몽상에 빠져 지루한 줄 모른다.

메리 올리버란 시인도 나처럼 숲길을 걸으며 상념에 빠졌던가. 그녀는 「블랙워터 숲에서」란 시로 우리에게 충고한다. 즉 이 세상에서 살아가려면 세 가지를 할 수 있어야만 한단다. 첫째는 자신처럼 유한한 생명을 사랑하기, 둘째는 자신의 삶 역시도 그들과 연관되어 있음을 알고 그들을 끌어안기, 그리고 마지막 세 번째는 그들을 놓아줄 때가 되면 미련 없이 놓아주라고. 그녀가 선취한 표현일 뿐 내게도 우연히 마주하는 사물들을 예사롭게 스쳐 보내지 않는 버릇이 있다. 오늘 성묫길에 만난 호박에게처럼 사물에 말붙이기를 즐기는 것이다. 혹자는 이런 성품들을 일러 시인 기질이라고들 하던가.

시인? 시인이란 단어에 불현듯 가슴이 뭉클하며 스치는 시가 있다.

옆집 할매가 차에서 내리는 나를 잡고 묻는다.
사람들이 니보고 시인 시인 카던데

그게 뭐라

그게…

그냥 실없는 짓 하는 사람이래요

그래!

니가 그래 실없나

기사 동네 고양이 다 거다 멕이고

집 나온 개도 거다 멕이고

있는 땅도 무단이 놀리고

그카마 밭에다 자꾸 꽃만 심는

느 어마이도 시인이라…

오랫동안 궁금하셨던 모양이다.

김영기 -「걷는 사람」

그렇다면 내 속에서도 오랫동안 발아하지 못한 묵은 씨앗처럼 꿈틀거리는 시를 향한 꿈이 있었던가. 오늘처럼 이렇게 홀로 무궁무진한 공상에 빠질 때 감히 꿈꾼다. 겨울 들판의 꽁꽁 언 땅 속에서 해마다 봄이 오면 푸른 싹을 내어보리라 벼르는 내 서툰 상념의 부스러기들이 어느 한 날 제대로 된 시어들로 탄생할 수 있을 것 같은 기대감이다. 불시에 다가와 가슴을 툭 치며 달아나는 내 가난한 상념들. 언젠가 시로 환생할 그 씨앗의 겉껍질들을 어루만지며 걷는 숲길의 한적하고 포근한 곳에 자리한 산소, 선조들께 감히 여쭈어본다.

빈자리

어릴 때 같으면 손꼽아가며 기다렸을 까치설 지나 어느덧 구정이다. 오늘이 지나면 이젠 새해라는 말을 더 이상 쓸 수 없다. 또다시 새로운 역사의 장을 향해 우리는 묵묵히 무거운 발걸음을 옮길 뿐이다.

코로나19라는 역병으로 인해 올해만큼은 민족의 대명절이란 말이 무색하다. 고향에 사는 형제들만 모였다. 각자 준비해 온 음식도 먹고 지난 옛이야기 꽃 피우며 마당에 숯불 피워 고기를 굽고 막걸리 한 잔씩을 나누어 보지만 너른 마당이 오히려 을씨년스럽고 집안 곳곳이 허전하다.

반가이 맞아줄 어머니가 없는 집. 우리는 그 허전함을 메꾸어보기라도 하듯 부러 큰 소리로 떠들며 짐짓 즐거움을 가장했다. 그래도 든든한 안주인이 없는 집의 빈자리는 휑하기만 하다.

구름 떠난 하늘 빈자리
바람 떠난 숲의 빈자리
꽃 져버린 들의 빈자리
너 가 버린 내 맘의 빈자리
바람도 구름도 꽃 피듯이 다시 오겠지만
다신 메울 수 없는 내 맘의 빈자리여

동생이 부르는 이 노래에 등장하는 너, 그러니까 주인공은 누굴까.

남자에게는 아내가 있는 곳이 바로 집이라고 했다. 말은 안해도 동생 역시 어머니의 부재를 아쉬워하고 있으리라. 고희를 코앞에 둔 나이인데도 나는 어머니가 없는 집은 진정한 집이라는 느낌이 들지 않는다. 아내는 "안 해"란 말에서 나왔다는 설이 있다. 안에 있는 해 즉, 만물을 길러 주는 '태양'이란 말이다. 남편에게는 아내가 태양이고 평화를 만드는 사람이다란 뜻이라면 여자인 내겐 쭈그렁 주름투성이 어머니가 여전히 뜨겁고 밝은 태양이다.

그 어머니가 없는 집. 노래를 불러도 제아무리 맛있는 음식을 먹어도, 술을 빌어 온갖 재미를 추구해도 제풀에 식어버리는 흥이다. 출발에서부터 집마당에 들어서기까지 설렘으로 뛰던 가슴은 햇살 같은 어머니가 계시기 때문이었다. 어머니의 부엌에서 풍기던 음식 냄새를 다시 맡을 수 있다면 그 어떤 대가를 치러도 좋으리라. 미처 닦지 못하고 자식을 향해 달려 나오시는 어머니의 젖은 손을 다시 그러잡을 수만 있다면…. 그 생각만으로도 내 눈은 젖는다.

어머니를 떠올리자 우리 형제의 마음이 무거워진다. 어머니를 뵐 수 있는 날이 과연 얼마나 남았을까. 장담할 수 없다. 당신은 가녀린 생의 끄나풀을 잡고 바짝 마른 입술로 기도를 하시던 어머니다. 항상 머리맡에 성경, 찬송 곁에 두고 자식들을 위한 축원의 기도를 잊지 않으시던 분이다. 그러나 면회 금지라는 가혹한 현실은 최소한의 만남, 그 기회조차 허락하지 않는다. 이산가족도 아닌데 모녀 상봉의 기회를 막는 단호한 조치는 명절이라고 예외는 아니었다.

유리창 너머로만 바라보아야 하는 자식들, 그 안타까움에 기어이 오열하시던 어머니. 그 뜨겁고 뜨거운 눈물에 데여 우리도, 산도, 세상도 울었다. 울음은 순식간에 어느 순간부터 통곡으로 변했다. 만성관절염이란 고질병으로 너무나 오랜 시간 시달린 어머니는 언제부터인가 죽지 못해 살아가는 한 많은 여인이 되셨다. 견딜 수 없는 통증에 시달리시는 어머니를 뵈면 나도 모르게 이런 기도가 터져 나오기도 했다.

"하나님, 한시라도 빨리 우리 엄마 잠자듯이 아무런 고통 없이 하나님 품에 잠들게 도와주소서."

바람도 구름도 꽃 피듯이 다시 오지만 한 번 가시면 다시는 내 쪽을 향해 발길조차 못 하실 것을 너무도 잘 알면서도 말이다.

애지중지 길렀던 자식들이 많은들 무슨 소용이 있는가. 그동안 각고의 노력으로 이룬 생의 울타리가 제아무리 튼튼한들 무엇하리. 힘 빠지고 병든 어머니의 몸으로는 어찌할 수 없는 현실 아닌가. 그런 당신을 속수무책 지켜볼 수밖에 없는 무능한 자식들은 애꿎은 가슴만 툭툭 치고, 어머니 그 빈자리에 찬바람만 썰렁한 설날이다.

첫돌맞이 예령이와 가족에게

이 세상에 하나뿐인 사랑하는 우리 예령이 첫돌을 축하한다.

어느 아기보다도 건강하고 똘똘한 예령아. 날마다 할머니 할아버지는 가족 카톡방에 귀여운 네 사진이 올라오기를 기다리면서 네 사진 보는 일이 하루 중 가장 행복한 시간이란다. 우리 세령이는 여리여리했지만 예령 이는 다부지기 짝이 없어 세령이에 비해 예령이는 상머슴처럼 용감하고 튼실하여 피식 피식 웃음 짓기도 한단다. 맞아, 햇병아리 걸음으로 뒤뚱뒤뚱 걷는 네 첫 걸음마를 여느 개선장군의 용감무쌍한 발걸음에 비하겠느냐. 포기하지 않고 다시 일어서 재도전하는 용감무쌍함에 저절로 우리 입가에 미소가 걸리게 하는구나.

얼마 전 가족 모임 때 뒷마당에서 고기 구워 먹는데 세령이 저도 분위가 좋은 걸 느꼈는지 제 스스로 노래한다. 나서서 「고추잠자리」를 불렀지.

웡웡웡웡 고추잠자리 마당 위로 하나 가득 날으네
웡웡웡웡 예쁜 잠자리 꼬마 아가씨 머리 위로 웡웡웡

파란 하늘에 높은 하늘에 흰 구름만 가벼이 떠있고
바람도 없는 여름 한낮에 꼬마 아가씨 어딜 가시나

고추잠자리 잡으러 예쁜 잠자리 잡으러
등 뒤에다 잠자리채 감추고서 가시나

세령이가 들려준 '웡웡웡 고추잠자리'는 너무도 좋았어. 마치 은쟁반에 옥구슬 구르는 소리처럼 목소리도 고왔지만 노래를 부르는 모습이 너무도 예뻤단다. 너희들이 돌아간 후 할머닌 그 광경을 떠올리며 시 한 편을 지었단다.

분홍 웃음
터트리는
한 떨기 꽃일까

꽃망울
세령이 얼굴

사랑과 행복 깃든

옴질옴질한 입
시냇물 속살거리는
리듬에 맞춰
노래를 하니

바람도
슬몃슬몃
끼어들고

돌담 아래
향기롭다
온 가족
피워내는
화목의 복사꽃

천진한
노래 따라
번져가는
한바탕
분홍 웃음
온누리에 퍼진다

아이는 부모의 뒷모습을 보며 닮아간다 했단다. 햇빛이 나뭇잎 안에서 탄소를 변화시키듯이, 사랑은 사랑받는 사람 안에서 그의 성품을 바꾼단다. 얼마 전 너희들이 다녀간 후 보니 세령이가 그림과 글을 써놓았는데,

'오늘은 아침이 맛있어서 아침을 먹는 걸 내 마음 그대로 표현한 거야'

이런 문장과 함께 식탁 위 접시에 고기 한 마리 그려 놓았구나. 놀라웠다. 이렇듯 우리 세령이는 뛰어난 문장력과 갖가지 재능을 고루 갖추었으니 부디 세령이 그 재능을 살려 잘 키워내도록 하여라.

늘 모범적인 가정 일구므로 걱정은 없지만 아이들을 선한 인격체로 지혜롭게 성장시키는 것이 생의 최고의 가치로 여기며 살아가기를 바란다. 멋진 가족의 인생길에 언제나 주님의 은혜로 형통하고 건강하게 가정을 건사하길 간절히 기원한다. 다시 한번 우리 예령이 첫 생일을 할아버지 할머니는 많이많이 축하한다. 너희들을 위해 날마다 기도하는 것이 할머니의 유일한 의무요 기쁨이란다. 우리 예령이네 가족 많이많이 응원하고 사랑해!

- 강진에서 할머니가

연리지 사랑

2023년 6월 15일 초판 인쇄
2023년 6월 20일 초판 발행

지은이 / 김명희

발행인 / 강병욱
발행처 / 도서출판 교음사
편　집 / 월간 수필문학 편집부

03147 서울 종로구 삼일대로 457 수운회관 1308호
Tel (02) 737-7081, 739-7879(Fax)
e-mail : gyoeum@daum.net
등록 / 제2007-000052호

* 잘못된 책은 바꿔 드립니다. 값 13,000원

ISBN 978-89-7814-861-0 03810